国家公路网交通标志调整工作技术指南

Technical Guidelines for the Adjustment of National Highway Network Traffic Signs

主编单位：交通运输部公路科学研究院
　　　　　安徽省公路管理局
　　　　　北京交科公路勘察设计研究院
批准部门：中华人民共和国交通运输部
实施日期：2017 年 12 月 01 日

人民交通出版社股份有限公司

图书在版编目（CIP）数据

国家公路网交通标志调整工作技术指南／交通运输部公路科学研究院，安徽省公路管理局，北京交科公路勘察设计研究院主编．— 北京：人民交通出版社股份有限公司，2017.12

ISBN 978-7-114-14379-3

Ⅰ．①国⋯　Ⅱ．①交⋯　②安⋯　③北⋯　Ⅲ．①公路标志—中国—指南　Ⅳ．①U491.5-62

中国版本图书馆 CIP 数据核字（2017）第 302813 号

标准名称：	国家公路网交通标志调整工作技术指南
主编单位：	交通运输部公路科学研究院
	安徽省公路管理局
	北京交科公路勘察设计研究院
责任编辑：	吴有铭　李　沛
出版发行：	人民交通出版社股份有限公司
地　　址：	（100011）北京市朝阳区安定门外外馆斜街 3 号
网　　址：	http://www.ccpress.com.cn
销售电话：	（010）59757973
总 经 销：	人民交通出版社股份有限公司发行部
经　　销：	各地新华书店
印　　刷：	北京市密东印刷有限公司
开　　本：	880×1230　1/16
印　　张：	8
字　　数：	177 千
版　　次：	2017 年 12 月　第 1 版
印　　次：	2019 年 3 月　第 3 次印刷
书　　号：	ISBN 978-7-114-14379-3
定　　价：	80.00 元

（有印刷、装订质量问题的图书，由本公司负责调换）

交通运输部办公厅关于印发《国家公路网交通标志调整工作技术指南》的通知

(交办公路〔2017〕167号)

各省、自治区、直辖市、新疆生产建设兵团交通运输厅（局、委）：

为规范和指导国家公路网命名编号调整专项工作，统一技术要求，更好地发挥国家公路网服务人民群众便捷出行的作用，经交通运输部同意，现印发《国家公路网交通标志调整工作技术指南》，自2017年12月1日起施行。原《国家高速公路网相关标志更换工作实施技术指南》（交通运输部2007年第30号公告）同时废止。

请各有关单位在实践中注意总结经验，及时将发现的问题和意见函告交通运输部公路局（地址：北京市建国门内大街11号，邮编：100736，电话：010-65292747）和交通运输部公路科学研究院（地址：北京市海淀区西土城路8号，邮编：100088，电话：010-62062052）。

交通运输部办公厅
2017年11月17日

前　言

国家公路是综合交通运输体系的重要组成部分，包括普通国道和国家高速公路，由具有全国性和区域性政治、经济、国防意义的干线公路组成。根据2013年国务院批准的《国家公路网规划（2013年—2030年）》，国家公路网总规模40.1万km，其中普通国道网26.5万km，国家高速公路网11.8万km，另规划远期展望线1.8万km。普通国道网利用原国道10.4万km、原省道12.4万km、原县乡道2.9万km，合计占规划里程的97%，其余3%约0.8万km需要新建；国家高速公路网截至2016年年底已建成9.9万km，在建和待建约1.9万km，分别占84%和16%。

为推进《国家公路网规划（2013年—2030年）》的实施，规范和指导国家公路网交通标志的调整工作，统一各地交通标志调整的技术要求，更好地发挥国家公路网服务人民群众安全便捷出行的作用，进一步提高公路服务的效率、质量和水平，根据交通运输部《关于委托开展〈国家公路网交通标志调整工作技术指南〉编制工作的函》（交公便字〔2015〕68号），交通运输部公路科学研究院、安徽省公路管理局和北京交科公路勘察设计研究院承担了《国家公路网交通标志调整工作技术指南》（以下简称"本指南"）的编制工作。

本指南是在广泛调研的基础上，以现行国家和行业标准的规定为前提，紧密结合了《国家公路网规划（2013年—2030年）》确定的路网布局特征和实施期限，充分吸收了"十一五"和"十二五"国家科技支撑计划专题"山区高速公路和国省干线公路网交通标志设置技术研究"和"国家公路网指路系统构建与升级关键技术研究"等最新科研成果，经多次方案比选和专家论证，在安徽省合肥市国家公路网交通标志调整示范工程检验的基础上编制而成的。

本指南由总则、实施步骤、基本规定、调整内容、调整方案、工程施工、新建国家公路交通标志的设置、工程质量检验和验收等8章及交通标志专用字体示例、国家公路网交通标志调整的主要类型、部分交通标志版面设计示例、国家公路网交通标志调整示范工程设计示例、枢纽型互通式立体交叉指路标志设置示例等5个附录组成。

本指南在编制过程中，得到了各省（自治区、直辖市）交通运输厅（局、委）等单位和国内外专家的大力支持，在此表示衷心的感谢。请各地将执行过程中发现的问题和意见函告交通运输部公路局（地址：北京市建国门内大街11号，邮编100736，电话：010-65292747）和交通运输部公路科学研究院（地址：北京市海淀区西土城路8号，邮编：100088，电话：010-62062052），以便进一步修改完善。

主 编 单 位：	交通运输部公路科学研究院
	安徽省公路管理局
	北京交科公路勘察设计研究院
主要起草人：	刘会学　章后忠　宋玉才　沈国华　徐　欣
	朱小锋　郑　昊　葛书芳　赵妮娜　王海南
	郭旭明　陈　磊　王招贤　孙明玲　赵　源
	李　森　付宇飞　郑子恒
主要审查人：	吴德金　孙永红　李爱民　王松波　杨　亮
	花　蕾　蔡小秋　陈　彬　张　海　陈永平
	谢玉田　杨振星　汪维恒　刘　君　鲁圣弟
	郭　敏　夏传荪　李　农　姜　明　陈秀川
	孙芙灵　刘喜平　苏中东

目 次

1 总则 ··· 1
　1.1 编制目的 ·· 1
　1.2 适用范围 ·· 1
　1.3 总体要求 ·· 1
　1.4 与相关标准规范的关系 ·· 2
2 实施步骤 ··· 3
　2.1 国家公路网路线梳理及里程统计 ·· 3
　2.2 基础资料收集 ··· 3
　2.3 现状交通标志评价 ·· 4
　2.4 调整方案确定 ··· 5
　2.5 工程施工和验收 ··· 5
　2.6 工程实施效果评价 ·· 5
3 基本规定 ··· 6
　3.1 里程传递与编排 ··· 6
　3.2 交通标志专用字体 ·· 8
　3.3 基准点的选取 ··· 10
　3.4 版面布置 ·· 12
　3.5 图案使用规定 ··· 12
　3.6 "市区"或"城区"信息 ··· 15
　3.7 设置位置 ·· 15
　3.8 支撑方式 ·· 16
　3.9 材料要求 ·· 16
　3.10 结构设计 ·· 17
4 调整内容 ··· 18
　4.1 一般规定 ·· 18
　4.2 公路命名和编号标志 ·· 18
　4.3 与里程传递相关的交通标志 ··· 22
　4.4 高速公路出口编号标志 ·· 23
　4.5 高速公路出口分流鼻设置的地点、方向标志 ······························ 28
　4.6 高密度路网的交通指引 ·· 28

4.7	多路径交通指引	28
4.8	国家公路与其他交通运输方式的衔接指引	29
4.9	双标识指路系统	29
4.10	普通公路路径指引标志设置规模	30
4.11	无编号的路线与特殊区域的表示方法	30
4.12	旅游区标志	31
4.13	告示标志	31

5 调整方案 32
- 5.1 一般规定 32
- 5.2 交通标志的调整方式 32
- 5.3 高速公路交通标志的调整方案 33
- 5.4 普通公路交通标志的调整方案 36
- 5.5 其他调整方案 37

6 工程施工 39
- 6.1 一般规定 39
- 6.2 施工准备 39
- 6.3 粘贴反光膜的施工 41
- 6.4 更换交通标志板的施工 41
- 6.5 交通标志移位的施工 42
- 6.6 新增加交通标志的施工 42
- 6.7 原有交通标志的拆除 44

7 新建国家公路交通标志的设置 45
- 7.1 一般规定 45
- 7.2 新建国家高速公路交通标志的设置 48
- 7.3 新建普通国道交通标志的设置 63

8 工程质量检验和验收 71
- 8.1 一般规定 71
- 8.2 基本要求 71
- 8.3 外观检验 71
- 8.4 具体检查项目及技术指标 72

附录 A 交通标志专用字体示例 73
附录 B 国家公路网交通标志调整的主要类型 95
附录 C 部分交通标志版面设计示例 102
附录 D 国家公路网交通标志调整示范工程设计示例 106
附录 E 枢纽型互通式立体交叉指路标志设置示例 115

1 总则

1.1 编制目的

1.1.1 为规范和统一国家公路网路线的命名和编号，合理调整和科学设置交通标志，以形成标识清晰、视认方便的国家公路网交通标志体系，更好地满足国家公路网服务公路使用者安全便捷出行的需求，进一步提高国家公路网的服务效率、质量和水平，根据《国家公路网规划（2013年—2030年）》，以及现行《道路交通标志和标线》（GB 5768）、《公路路线标识规则和国道编号》（GB/T 917）和《公路交通标志和标线设置规范》（JTG D82）等标准规范的规定，制定本指南。

1.2 适用范围

1.2.1 本指南适用于国家公路网交通标志的调整和设置工作。其他行政等级公路网交通标志的调整和设置遵照执行。

1.2.2 本指南中的交通标志主要是指指路标志和旅游区标志。

1.3 总体要求

1.3.1 国家公路网交通标志调整工作应结合具体的公路、交通和环境条件，充分考虑公路使用者的需求，对现状交通标志的设置进行综合评价。

1.3.2 国家公路网交通标志的调整工作应坚持经济实用、清晰准确的原则。

1.3.3 国家公路网交通标志的调整和设置应符合下列要求：
  1 路网一体、协同考虑。交通标志的设计应从综合交通及路网功能的角度出发，进行综合设置，体现路网一体化理念，实现路网层面的交通指引。路线中某一交通标志的调整和变更，同时关联到路网中其他标志的调整与变更，需要协同考虑，保证路网交通标志整体功能的发挥。
  2 系统设置、信息连续。根据驾驶人的出行需求，从安全便利并舒适通行的角度系统设置交通标志。相关交通标志版面信息应保持一致性，路网中交通标志的指路信息应保持连续，给驾驶人以持续的交通指引，避免出现信息不连续或信息中断。

3 版面统一、简洁美观。同一类型的交通标志版面布局、形状、颜色和图案等宜保持统一性，并符合现行《道路交通标志和标线》（GB 5768）、《公路交通标志和标线设置规范》（JTG D82）及本指南的规定，以符合驾驶人的心理预期。广泛使用路线编号、出口编号等数字化信息和图形化信息，使版面简洁明了，美观易辨，增加可视性。

4 满足视距、保障视认。交通标志的设置位置应科学合理，不得影响公路的视距。交通标志之间、交通标志与其他设施之间不应互相遮挡。公路沿线树木不得影响交通标志的视认性。

1.4 与相关标准规范的关系

1.4.1 国家公路网交通标志调整工作应正确处理与国家和行业相关标准的关系：

1 现行《道路交通标志和标线》（GB 5768）和《公路交通标志和标线设置规范》（JTG D82）为本指南的上位标准。本指南中涉及的交通标志的分类、形状、颜色和图案，以及交通标志的基本设置原则等均应符合上述标准的规定。

2 现行《公路路线标识规则和国道编号》（GB/T 917）为本指南的上位标准。本指南中涉及的国道（含国家高速公路和普通国道）路线的名称和编号应符合该标准的规定。

1.4.2 以国家和行业标准为基本依据，并结合国家科技支撑计划相关专题最新科研成果和示范工程的实施效果，按照《国家公路网规划（2013 年—2030 年）》确定的路网布局特征和实施期限，本指南对国家和行业标准中有关国家公路网交通标志的内容进行了细化、补充和完善，主要包括：

1 提出了国家公路网命名和编号标志调整、里程桩号传递及目的地名称调整的基本要求。

2 针对复杂路网交通指引需求，补充了多路径交通指引、间接指引等的有关规定。

3 针对综合交通的需求，补充了公路与其他交通运输方式衔接指引的有关规定。

4 针对指路标志设置规模的问题，补充了依据技术等级确定指路标志设置规模的有关规定。

5 针对数字化路线编号和出口编号认知的问题，提出了特定条件下允许采用双标识指路系统的规定。

6 细化了交通标志专用字体的使用、无编号路线与特殊区域的表示方法，以及图形化标志的使用等基本规定。

7 对新建国家高速公路，针对不同互通式立体交叉的功能和物理形式，进一步完善了高速公路指路标志系统化设置体系，补充了带有辅助车道、主线相互分流的互通式立体交叉前基准点的设置位置，调整了下一出口预告标志的设置位置，简化了高速公路出口分流鼻处出口标志的设置。

8 对新建普通国道，提出了根据其技术等级来确定路径指引标志设置规模的规定。

2 实施步骤

2.1 国家公路网路线梳理及里程统计

2.1.1 各省、自治区、直辖市、新疆生产建设兵团交通运输主管部门按照交通运输部发布的《国家公路网里程桩号传递方案》，对辖区内需要调整的已建和在建国家公路网路线进行梳理，包括明确其起讫点桩号、路线走向、里程长度、长短链、有无与其他路线的重合路段等。

2.1.2 各省、自治区、直辖市、新疆生产建设兵团交通运输主管部门在国家公路网命名和编号的基础上，根据现行《公路路线标识规则和国道编号》（GB/T 917）的规定，确定各省（自治区、直辖市）所辖省道（含省级高速公路和普通省道）、县道、乡道、村道以及专用公路的名称和编号。省级高速公路网路线的梳理及里程传递应与国家公路网同步进行。

2.2 基础资料收集

2.2.1 尚未进行交通标志设计的国家公路，应收集公路的基础设计资料，并按照本指南及现行标准规范进行设计；对于已经完成交通标志设计但尚未施工，或已经施工但尚未通车的国家公路，应收集公路的基础设计资料及原设计文件，对相关标志进行变更设计；已经完成交通标志施工且已经通车的国家公路，可参照本指南第 2.2.2 条～第 2.2.7 条的规定调查和收集相关资料。

2.2.2 已通车国家公路交通标志调整工作需要调查和收集的基础图纸及技术资料主要包括下列部分：
1 本路线及与本路线交叉的其他公路、城市道路交通标志设计竣工文件，其中应包括：
　1）交通标志布设一览表；
　2）交通标志版面设计图；
　3）交通标志结构设计图；
　4）互通式立体交叉或平面交叉的交通标志平面布设图。
2 交通标志改造的竣工文件，除包含以上内容外，还应包括改造的原因。

3 临时性交通标志调整的相关文件，除包含以上内容外，还应包括临时调整的原因。

2.2.3 调查和收集与本路线相连接的路网规划资料，主要包括：
1 与国家高速公路或普通国道共线的公路名称和编号；
2 与国家高速公路或普通国道相交的其他公路、城市道路的基本情况，包括路线名称和编号、行政等级、技术等级等；
3 互通式立体交叉的形式、平面交叉的形式等；
4 相关路网的地图资料等。

2.2.4 调查和收集省（自治区、直辖市）内的省道、县道、乡道和村道以及专用公路的名称和编号资料，包括相关标准和图纸。

2.2.5 调查和收集本路线的变更资料，主要包括：
1 路线的变更；
2 互通式立体交叉、平面交叉的变更等。

2.2.6 调查和收集本路线沿线的有关资料，主要包括：
1 沿线分布的城镇、乡村等；
2 沿线分布的重要服务设施，如服务区、停车区、加油站和观景台等；
3 沿线分布的监控外场设备等；
4 沿线分布的旅游景区，包括其质量评定等级；
5 沿线分布的重要交通枢纽，如高铁站、飞机场、港口等。

2.2.7 调查和收集本路线的交通运营资料，主要包括：
1 近3年及以上的交通量和交通组成等统计资料；
2 近3年及以上的交通事故统计资料，包括事故发生的时间、地点、天气状况、事故形态、事故原因、伤亡人数、事故车型等信息。

2.3 现状交通标志评价

2.3.1 对现场交通标志的使用情况进行实地调研，采集公路沿线交通标志设置情况的照片和视频资料，确认是否与收集的基础资料相吻合。实地调研时，应充分听取驾驶人、公路运营养护和管理部门，以及公安交通管理部门等各方面对现状交通标志设置的意见，对发现的问题应进行重点评价。

2.3.2 根据现行《公路项目安全性评价规范》（JTG B05）的规定，从驾驶人需求、交通状况、路网情况、环境条件、事故分析等方面进行综合评价，为交通标志的调整提供依据。主要评价内容应包括：

1　现场对交通标志的设置效果和位置进行评价。
2　根据路网情况和实地驾驶状况，对交通标志信息的准确性和连续性、控制性信息的选取进行评价。
3　对交通标志的信息量进行评价。
4　对交通标志与对应标线的一致性进行评价。
5　评价树木、边坡绿化、构筑物、广告牌等对交通标志视认效果的影响。
6　根据实地驾驶情况评价交通标志在夜间的视认效果。

2.4　调整方案确定

2.4.1　结合现状交通标志评价的结论，本着经济节约的原则，综合确定调整方案。

2.4.2　施工图设计时，应在满足本指南和相关标准规范的前提下尽量利用原有结构，以节约投资。

2.5　工程施工和验收

2.5.1　为降低调整工作对公众出行的影响，相邻省份应加强协调，保证调整工作基本同步进行。可采用设置告示标志、发放宣传材料、印刷最新地图、加强交通疏导等措施。

2.5.2　工程施工和质量验收应符合现行《公路交通安全设施施工技术规范》（JTG F71）、《公路工程质量检验评定标准》（JTG F80/1）和本指南的规定。施工单位应建立质量管理体系，确保工程质量；严格施工现场管理，根据现行《公路养护安全作业规程》（JTG H30）的规定合理布设施工作业区，做好交通组织管理工作，保证施工现场施工人员和过往车辆的安全。

2.6　工程实施效果评价

2.6.1　应适时对交通标志调整工作实施效果进行评价，并调查驾驶人、公路运营养护和管理部门，以及公安交通管理部门等各方面对交通标志调整工作实施效果的意见，为交通标志的进一步调整完善提供依据。具体评价内容可参照本指南第2.3.2条的规定。

3 基本规定

3.1 里程传递与编排

3.1.1 里程传递应以交通运输部发布的《国家公路网里程桩号传递方案》为依据，据此设置里程牌（碑）、百米牌（桩）和高速公路出口编号标志。

3.1.2 国家公路网应按照规划的路线走向在全国范围内统一编排里程，起、终点方向应符合下列规定：

1 首都放射线按首都北京为起点、放射线止点为终点的顺序累计；北南纵线按路线北端为起点、南端为终点的顺序累计；东西横线按路线东端为起点、西端为终点的顺序累计。

2 地区环线和城市绕城环线应按顺时针方向进行编排，宜以正北方向路线交叉点或适当位置（如规划起点）为起点。

3 联络线的起点宜为与主线路线交叉的交点，然后根据其总体走向按由北向南或由东向西的顺序编排。

4 国家高速公路并行线的起点宜为与主线互通式立体交叉的交点，终点一般为与主线的另一互通式立体交叉的交点。里程传递顺序与主线总体走向相同。

3.1.3 以省份为单位，根据《国家公路网里程桩号传递方案》确定各省份分界处的断链值，两省份之间有交叉（即"插花地"）时，应加强协商，确保同一条公路里程数的唯一性。断链的设置应符合下列规定：

1 短链值设置于省界处。短链标志示例如图 3.1.3a），图中第一行信息为前方（断链后）的里程桩号，第二行信息为当前的里程桩号，第三行信息为公路编号信息。

2 长链的里程牌（碑）根据长链的实际里程设置。以 G104 山东、江苏两省交界处为例，该国道在两省交界处长链 9.17km，山东的实际终点桩号为 744.896km，由于江苏已经在起点处埋设了 735.726km 的界点，因此只能设定山东的终点桩号为 K735.726（江苏起点桩号），在山东实际里程 K735.726 处开始设置长链，共 9.17km，这样，山东、江苏交界处山东段的桩号应表示为 K735.726 + K9.17，而不能直接表示为 K744.896，如图 3.1.3b），里程牌（碑）设置示例如图 3.1.3c）、d）。

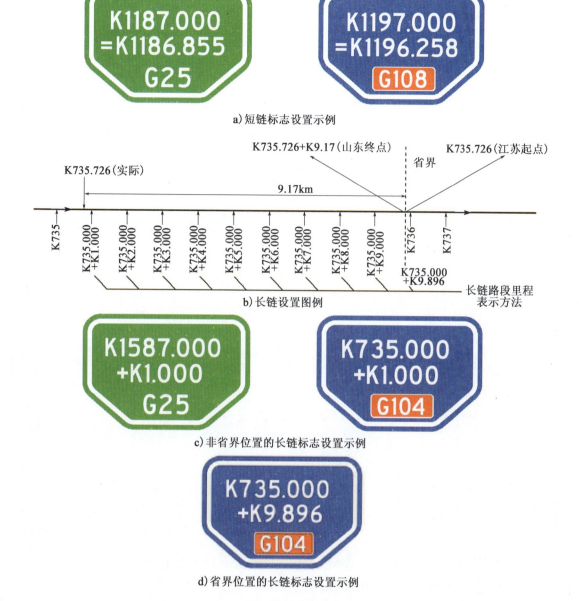

图 3.1.3 断链处标志设置示例

3.1.4 重合路段里程传递与编排应符合下列规定：

1 重合段采用行政等级高的桩号里程。

2 国家高速公路和普通国道重合段采用国家高速公路的桩号里程。

3 国家高速公路地区环线或城市绕城环线与其他公路有重合路段时，采用国家高速公路地区环线或城市绕城环线的桩号里程；一般情况下，重合路段宜取环线与相交路线重合里程的最短段，如图 3.1.4-1 所示。

4 两条国家高速公路或两条普通国道重合时，采用路线编号小的桩号里程。离开重合路段后，无连续里程的路线第一个里程应为车辆行驶的总里程，即里程数应为重合点之前的里程加重合路段的里程，如图 3.1.4-2 所示。编排顺序应按路线的起终点走向进行。

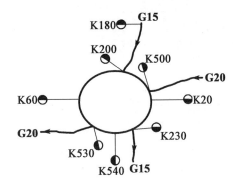
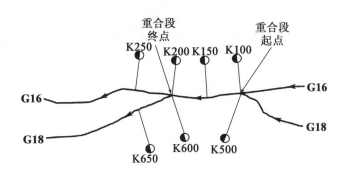

图 3.1.4-1 与环线高速有重合路段的公路里程编排示例

图 3.1.4-2 路线重合路段里程编排示例

3.2 交通标志专用字体

3.2.1 国家公路网的指路标志应采用汉字，根据需要可与少数民族文字或英文等其他文字并用。

3.2.2 当交通标志采用中、英文两种文字时，地名应用汉语拼音，专用名词应用英文。为提高交通标志英文信息的视认效果、符合阅读习惯，除特殊规定外，英文（含汉语拼音）首字母应为大写，其余小写。

3.2.3 整体更换反光膜及新增版面的交通标志中的中、英文和阿拉伯数字应采用交通标志专用字体，如附录 A 所示。局部更换反光膜的交通标志仍可采用原字体。

3.2.4 原《国家高速公路网相关标志更换工作实施技术指南》（交通部 2007 年第 30 号公告）提出了交通标志专用字体。从交通标志版面美观和易于视认的角度，本指南新补充了两种类型的字体，即交通标志专用字体共分为 A、B 和 C 三种类型，各类字体的使用应符合下列规定：

    1 A 型交通标志专用字体为原《国家高速公路网相关标志更换工作实施技术指南》（交通部 2007 年第 30 号公告）中的字体，共包括 6 763 个汉字、26 个英文字母、10 个阿拉伯数字和 18 个符号。除下列第 2、3 款规定的情况外，交通标志中的字体均采用 A 型交通标志专用字体。

    2 B 型交通标志专用字体为新增加的字体，共 26 个英文字母、10 个阿拉伯数字和 18 个符号。除本条第 3 款规定的情况外，公路命名编号标志和公路编号标志、出口编号标志、里程牌和百米牌中的英文和阿拉伯数字应采用 B 型交通标志专用字体，如图 3.2.4a)、b)。

    3 C 型交通标志专用字体为新增加的字体，共 26 个英文字母、10 个阿拉伯数字和 18 个符号。位于平面交叉指路标志方向箭杆上的公路编号标志应采用 C 型交通标志专用字体，如图 3.2.4c）。

a）独立设置的公路命名编号标志英文和阿拉伯数字采用B型字体示例

信息内容	采用字体
出口、庐江、军铺	A
G325、95	B

b）出口编号标志和非独立设置的公路编号标志英文和阿拉伯数字采用B型字体示例

信息内容	采用字体
巢湖、芜湖、庐江、南	A
S206	B
G329、S226	C

c）位于平面交叉指路标志方向箭杆上的公路编号标志采用C型字体示例

图 3.2.4　交通标志专用字体使用示例

3.2.5　交通标志中的文字高度应符合现行《道路交通标志和标线　第 2 部分：道路交通标志》（GB 5768.2）和《公路交通标志和标线设置规范》（JTG D82）的规定，文字宽度应符合下列规定：

　　1　汉字的高度应与宽度相等，因极其重要的原因经研究论证必须缩小标志板的尺寸时，文字高度可适当减小，但不得小于现行《道路交通标志和标线　第 2 部分：道路交通标志》（GB 5768.2）规定的对应设计速度的低限值；或采用窄字体，但高宽比应为 1:0.75 以内。当汉字结构较复杂时，高宽比应适当减小。文字高度或高宽比的变化不得改变版面各要素之间的相互关系。

　　2　英文和阿拉伯数字应采用交通标志专用字体的正体字，不应减小其宽度。

　　3　采用中英文对照且中文词语和对应的英文总宽度不一致时，中、英文应采用对中或左对齐的方式加以解决，不宜采用缩减文字宽度的方式。

　　4　采用少数民族文字时，文字高度、宽度和设置位置应符合省级及以上文字主管部门的相关规定。

3.3 基准点的选取

3.3.1 基准点是指确定距离信息时作为标准的原点。高速公路和普通公路因为服务对象的不同，所选取的基准点也有所不同。

3.3.2 高速公路互通式立体交叉及服务区、停车区、停车场等沿线设施指路标志设置的基准点根据其结构可分为前、后两个基准点：

    1 减速车道为无辅助车道的直接式时，可以其渐变段起点作为前基准点，如图 3.3.2-1a)；减速车道为平行式或设辅助车道的直接式时，可以其减速车道起点作为前基准点，如图 3.3.2-1b)、c) 和 d)；主线相互分流路段，可以渐变加宽段起点作为前基准点，如图 3.3.2-1e)。前基准点处不具备设置指路标志条件时，可向分流鼻方向适当偏移，选取新的前基准点，偏移长度不宜超过渐变段长度。

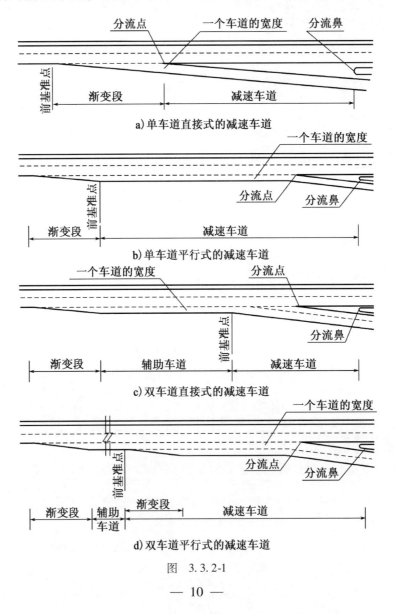

a) 单车道直接式的减速车道

b) 单车道平行式的减速车道

c) 双车道直接式的减速车道

d) 双车道平行式的减速车道

图 3.3.2-1

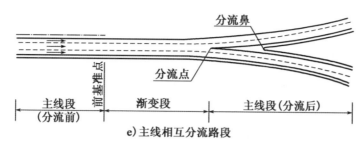

图 3.3.2-1 互通式立体交叉、服务区、停车区的前基准点

2 加速车道为平行式或直接式时，可以其渐变段的终点作为后基准点，如图 3.3.2-2。

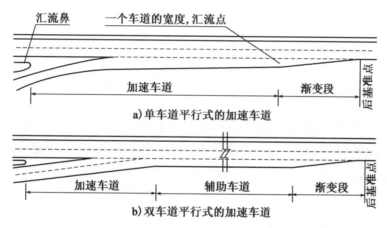

图 3.3.2-2 互通式立体交叉、服务区、停车区的后基准点

3.3.3 高速公路主线设置的指路标志所显示的"距离"应指其与相关互通式立体交叉或服务区、停车区、停车场等沿线设施的前基准点的间距。当按规定设置的指路标志所在位置受到遮挡或不具备设置条件时，该指路标志可适当移位。指路标志与前基准点间距小于 3km 时，指路标志设置位置允许偏差±50m；间距大于或等于 3km、小于 5km 时，允许偏差±150m；间距大于或等于 5km 时，允许偏差±250m。

3.3.4 普通公路交通标志版面中的距离指其所在位置与计算基准点的距离，计算基准点的选取方法应符合下列规定：

1 指示信息为普通公路时，若所指示公路与当前公路直接相交，则以平面交叉作为计算基准点；若通过其他公路相连，则以连接公路与所指示公路的平面交叉作为计算基准点。

2 指示信息为高速公路或城市快速路时，以普通公路与高速公路、城市快速路的连接线平面交叉或减速车道渐变段起点作为计算基准点。

3 指示信息为地区信息时，若为有环线的特大城市或大城市，以中心环线的入口作为计算基准点；若为无环线的特大城市或大城市，中、小城市（区、县），或乡村，以中心区（老城区）或政府所在地作为计算基准点。

4 指示信息为旅游景区、交通枢纽等较大型重要地物时，以距其建筑物本身或外围大门最近的平面交叉作为计算基准点。

3.3.5 "距离"数宜以 1km 为单位（高速公路出口预告标志和普通公路平面交叉预告标志除外），不满整数时应四舍五入。如需采用小数点后 1 位数字，则该数字字高应为其他数字之半，并应与其他数字底部对齐。

3.4 版面布置

3.4.1 交通标志版面布局应清晰、美观，利于视认，不应引起歧义，如图 3.4.1。

a) 视认性较好的交通标志版面　　b) 易引起误解的交通标志版面
（当前位置不明确，"中江"指直行方向还是左转方向不清晰）

图 3.4.1 交通标志版面布局示例（一）

3.4.2 指路标志同一方向需选取两个及以上信息时，一般应在一行或一列内按照信息由近到远的顺序由左至右或由上至下排列，如图 3.4.2。

图 3.4.2 交通标志版面布局示例（二）

3.5 图案使用规定

3.5.1 指路标志版面中的图案主要包括表示路线交叉的图形、代表行驶方向的箭头、表示大型交通设施的图形符号，以及代表旅游景区的图案等。

3.5.2 高速公路上用于指示互通式立体交叉轮廓的图形化标志，以及普通公路上设置的平面交叉图形化标志,应简洁明了、易于理解。箭头宜采用曲线箭头,如图3.5.2。附录C.1提供了常用互通式立体交叉和平面交叉图案示例。

a)各类曲线箭头

 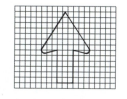

b)左出口图形化标志　　　　c)箭头图案(箭杆宽度为H/4)

图3.5.2　表示路线交叉的图案及使用示例

3.5.3　指路标志上使用的箭头应以一定角度反映车辆的行驶方向。图3.5.3-1所示为交通标志中箭头所指示的6个方向:a表示向右方向,b表示右侧出口方向或者斜向右方向,c表示前进方向,d表示左侧出口方向或者斜向左方向,e表示向左方向,f表示当前车道并仅用于门架或者悬臂标志中,此时箭头朝下对准指示车行道的中心线。箭头的使用及规格应符合下列规定:

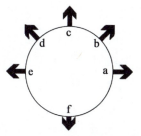

图3.5.3-1　箭头方向示意

1　门架式标志或跨线桥上附着式标志的箭头,用来指示车行道的用途或行驶目的地时,箭头应向下,并指向该车行道的中心线,如图3.5.3-2。如因结构的局限性,箭头位置可以偏离车行道中心线0~0.75m;指示车辆前进方向而非专指某一车行道时,箭头应向上,如图3.5.3-3;用来指示出口方向时,箭头应倾斜向上,左出口指示箭头应设置于版面的左侧,倾斜角度应能反映出口车行道的线形,如图3.5.3-4。

 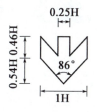  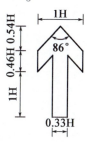

图3.5.3-2　专用车道箭头　　　　　　图3.5.3-3　前进方向箭头
　　　注:H为汉字高度。　　　　　　　　　　注:H为汉字高度。

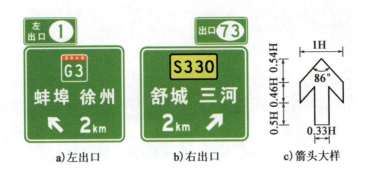

a) 左出口　　　　b) 右出口　　　　c) 箭头大样

图 3.5.3-4　出口箭头

注：H 为汉字高度。

2　路侧安装的指路标志，表示直行方向的箭头应指向上方，表示转向方向的箭头应与转向车行道的线形保持一致。同时出现向上和向左、向右的三个箭头时，指向上、左的箭头应放置在最左侧，指向右侧的箭头应放置在最右侧。

3.5.4　用于交通标志的图形符号主要包括机场、港口、火车站符号等。"机场"符号中飞机机头的指向应与行车方向一致，如图 3.5.4。图形符号应用于交通标志时，宜与图形符号所代表的机场、港口等的名称同时使用，名称一般采用工商部门正式登记注册的名称，当文字过多时，可使用简称：一般机场名称为"××（国际）机场"，如上海虹桥国际机场、合肥新桥国际机场等，在交通标志版面中，可简称为"××机场"，省略地区名称和"国际"两字，如"虹桥机场"，"新桥机场"，如所指出的机场具有唯一性，则可以直接采用飞机图案加"机场"两字。

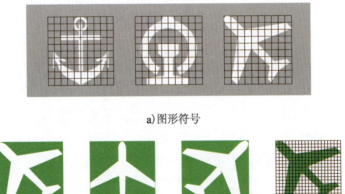

a) 图形符号

b) 飞机符号

图 3.5.4　用于交通标志的图形符号

3.5.5　代表旅游景区特征的旅游区标志图案宜采取抽象式图形，如图 3.5.5a）。旅游区标志如采用照片图案时，应加强质量管理，应清晰耐久。非独立使用的旅游景区图案或旅游景区名称不应增加边框，如图 3.5.5b）。

a) 旅游景区抽象式图形示例

b) 非独立使用的旅游景区名称示例

图 3.5.5 旅游区标志图案示例

3.6 "市区"或"城区"信息

3.6.1 交通标志中的"市区"或"城区",宜指传统意义的主城区或城市绕城环线所包围的区域,是城市的主要组成部分和核心区域,包括市中心和周边连片的城市区域。除特殊说明外,交通标志中的地点信息均指该地点所对应的"市区"或"城区"信息。

3.6.2 设置有行政区划分界标志的大城市,如北京、上海、天津、重庆等,进入该市行政区划范围内,地点距离标志的地区名称宜改为"××城区"。对城区所指的范围应作出规定,以统一设置基准,如北京市以"五环路"作为"北京城区"的范围。未设置行政区划分界标志的城市,地点距离标志的地区名称可称为"××市区"。

3.7 设置位置

3.7.1 交通标志的设置位置应考虑到公路宽度、车辆的运行速度、驾驶人的反应能力等因素,设置在驾驶人视野范围内并易于视认的地点。

3.7.2 除特殊情况外,交通标志应设置在车辆前进方向的车行道上方或右侧。条件受限时,可在车辆前进方向的左侧(如中央分隔带处)增加设置。交通标志的设置不得影响公路的停车视距。

3.7.3 交通标志之间应保持一定的间距。设计速度大于或等于 80km/h 的公路、城市道路交通标志之间的间隔不宜小于 60m,其他公路、城市道路交通标志之间的间隔不宜小于 30m。如需要在保持最小间隔的交通标志之间增设新的标志,则应采用互不遮挡的支撑结构形式。

3.7.4 交通标志应避免被建筑物、上跨桥梁、机电设施、绿化设施等遮挡。

3.7.5 公路交通标志的任何部分不得侵入公路建筑限界。路基段柱式标志板内边缘、路基段悬臂式标志和门架式标志的立柱内边缘距土路肩边缘线的距离不应小于25cm。悬臂式、门架式等悬空标志净空高度应预留20~50cm。

3.8 支撑方式

3.8.1 交通标志的支撑方式可分为柱式、悬臂式、门架式、附着式等。

3.8.2 交通标志支撑方式应根据交通量、车型构成、车道数、沿线构造物分布、风荷载大小，以及路侧条件等因素综合确定，并应符合下列规定：
1 警告、禁令、指示标志和小型指路标志宜采用单柱式支撑方式，中、大型指路标志可采用双柱或多柱式支撑方式；采用立柱式支撑，当地形条件受限时，在满足行车安全和标志使用功能的情况下，标志板可采用不对称安装。
2 当符合下列条件时，交通标志应采用悬臂式或门架式等悬空支撑方式：
1）路侧交通标志视认受到遮挡或影响；
2）路侧交通标志影响视距或交通安全；
3）路侧空间受限，无法安装柱式交通标志；
4）单向有三条或三条以上车道；
5）交通量达到或接近设计通行能力，或大型车辆所占比例很大；
6）枢纽型互通式立体交叉、形式复杂或出口间距较近的互通式立体交叉的出口指引标志；
7）互通式立体交叉出口匝道为多车道，或左向出口；
8）平面交叉预告和告知标志；
9）车道变换频繁的路段；
10）交通标志设置较为密集的路段；
11）位于城市区域的高速公路路段。
3 当互通式立体交叉出口匝道位于上跨桥梁后且距离较近时，应在上跨桥梁上采用附着方式增加设置出口预告标志。

3.9 材料要求

3.9.1 一般情况下，交通标志应采用逆反射材料制作标志面。用于标志面的逆反射材料主要为反光膜，其逆反射性能应符合现行《道路交通反光膜》（GB/T 18833）的规定。反光膜等级选择应遵循下列原则：
    1 背景环境影响大、行驶速度快、交通量大的公路宜采用等级高的反光膜。
    2 交通量小的公路，根据实际情况可选用较其他公路等级低的反光膜。
    3 交通复杂、多车道、横断面变化、视距不良、观察角过大等特殊路段的禁令、警告标志，宜采用比同一条公路其他交通标志等级高的反光膜。
    4 门架式、悬臂式等悬空类交通标志，宜采用比路侧交通标志等级高的反光膜。
    5 受雨雾等不良天气影响路段的交通标志，宜采用等级高的反光膜。

3.9.2 根据地形、日照、供电情况，部分交通标志可根据需要安装照明设施或采用主动发光器件或材料。

3.9.3 交通标志板可采用铝合金板等材料制作。铝构件应满足现行《道路交通标志板及支撑件》（GB/T 23827）、《铝及铝合金板材的尺寸及允许偏差》（GB 3194）和《一般工业用铝及铝合金板、带材》（GB/T 3880）的规定。

3.9.4 公路交通标志立柱、横梁等可采用钢管、H 型钢、槽钢等材料制作，钢管顶端应设置柱帽。

3.9.5 交通标志宜设置钢筋混凝土基础，可根据需要对外露的法兰盘、加劲肋和地脚螺栓等进行包封处理。位于桥梁段的单柱式标志可采用钢结构附着于桥梁上，其他大型交通标志应预留基础，并应符合现行《公路桥涵设计通用规范》（JTG D60）、《公路桥涵地基与基础设计规范》（JTG D63）的规定。

3.10 结构设计

3.10.1 应根据现行《公路交通安全设施设计规范》（JTG D81）和《公路交通标志和标线设置规范》（JTG D82）的规定，合理选取风荷载等作用值，进行结构设计及验算。

3.10.2 交通标志位于桥梁和隧道段时，应验算交通标志对结构物所产生的力学影响，必要时应对桥梁和隧道进行补强设计。

4 调整内容

4.1 一般规定

4.1.1 国家公路网交通标志调整的主要类型和方式如附录 B。本章规定了具体的调整内容,并根据国家公路网通车与否明确了其适用范围,如表 4.1.1 所示。

表 4.1.1 交通标志调整内容和适用范围

序号	交通标志调整内容	已通车公路	新建或改扩建公路,以及已完成设计但尚未通车的公路
1	本指南第3章规定的交通标志专用字体、基准点的选取、版面布置、图案使用和"市区"或"城区"信息等内容	可选项	必选项
2	公路命名和编号标志	必选项	必选项
3	与里程传递相关的交通标志	必选项	必选项
4	高速公路出口编号标志	可选项	必选项
5	高速公路出口分流鼻设置的地点、方向标志	可选项	必选项
6	高密度路网的交通指引	可选项	必选项
7	多路径交通指引	可选项	可选项
8	衔接指引	可选项	可选项
9	双标识指路系统	可选项	可选项
10	普通公路路径指引标志设置规模	可选项	可选项
11	无编号的路线与特殊区域的表示方法	可选项	可选项
12	旅游区标志	可选项	必选项

注:"必选项"为必须进行调整的内容,"可选项"为根据实际情况经对路网特征、事故情况和经济投入等进行综合论证后可进行调整的内容,也可结合公路大、中修工程的安排进行调整。

4.2 公路命名和编号标志

4.2.1 国家公路网内不符合现行《公路路线标识规则及国道编号》(GB/T 917)规定的所有国道(含国家高速公路和普通国道),应进行命名和编号标志的调整。

4.2.2 国家公路命名和编号标志调整时,其他交通标志应根据新的公路功能和等级进行调整或优化、完善。

4.2.3 国家高速公路命名编号标志应符合下列规定:

1 国家高速公路命名编号标志设置于国家高速公路的起点及沿线各互通式立体交叉的后基准点附近。互通式立体交叉间距大于30km时,应加密1处。共线路段可适当加密。

2 国家高速公路命名编号标志由"国家高速"、编号和中文简称三部分组成。形状为长方形,颜色为绿底、白字、白边框、绿色衬边,其中"国家高速"为红底、白字。

1) 设置于国家高速公路起点时,"国家高速"字高宜选用50cm,字母标识符(G)和阿拉伯数字编号字高应相等,并宜选用70cm,中文简称字高宜选用60cm(中文简称为5个字时,字高可为50cm)。板面规格宜为330cm×300cm,如图4.2.3-1。

起点处的国家高速公路命名编号标志宜和高速公路起点图形标志并列设置,如图4.2.3-2。

图4.2.3-1 设置于国家高速公路起点处的命名编号标志

图4.2.3-2 国家高速公路起点处并列设置的命名编号标志和起点图形标志

2) 设置于沿线各互通式立体交叉入口后适当位置(即替代原高速公路入口标志)时,"国家高速"字高宜选用10cm,字母标识符和编号字高应相等,并宜选用45cm,中文简称字高一般采用20cm。国家高速公路编号为1~2位数时(首都放射线、北南纵线、东西横线、地区环线等),板面规格宜为125cm×120cm,如图4.2.3-3;国家高速公路编号为4位数(城市绕城高速、联络线和并行线等)时,板面规格宜为170cm×120cm,如图4.2.3-4。

图4.2.3-3 1~2位数的国家高速公路命名编号标志

图4.2.3-3、图4.2.3-4中,当中文简称的文字数目大于4时,可根据板面总宽度采用10~20cm的高度。

图4.2.3-4　4位数的国家高速公路命名编号标志

4.2.4 国家高速公路编号标志应符合下列规定：

1　国家高速公路编号标志作为指路标志的路线信息，用于指路标志版面中。

2　国家高速公路命名编号标志由"国家高速"和编号两部分组成。形状为长方形，颜色为绿底、白字、白边框，其中"国家高速"为红底、白字。

图4.2.4-1　1位数的国家高速公路编号标志

1）设计速度为80～120km/h的公路或城市道路指路标志中，选取国家高速公路编号作为指路标志信息时，"国家高速"字高宜选用10cm，字母标识符和编号字高应相等，并宜选用45cm。国家高速公路编号为1位数时，板面规格宜为100cm×100cm，如图4.2.4-1；国家高速公路编号为2位数时，板面规格宜为125cm×100cm，如图4.2.4-2；国家高速公路编号为4位数时，板面规格宜为170cm×100cm，如图4.2.4-3。

图4.2.4-2　2位数的国家高速公路编号标志

图4.2.4-3　4位数的国家高速公路编号标志

2）设计速度为80km/h以下的公路或城市道路指路标志中，选取国家高速公路编号作为指路标志信息时，"国家高速"字高宜选用7cm，字母标识符和编号字高应相等，并宜选用30cm。国家高速公路编号为1位数时，板面规格宜为70cm×70cm；国家高速公路编号为2位数时，板面规格宜为85cm×70cm；国家高速公路编号为4位数时，板面规格宜为115cm×70cm。

3）当指路标志因板面尺寸原因难以采用上述规定的国家高速公路编号标志规格

时，如高速公路指路标志的板面较大或普通公路、城市道路指路标志的板面较小时，字母标识符和编号高度应符合表4.2.4的规定。

表4.2.4 公路编号标志、出口编号标志和"距离"信息的文字高度与设计速度的关系

设计速度（km/h）		100～120	71～99	40～70	<40
公路编号标志（cm）	字母标识符、数字	40～50	35～40	25～30	15～20
	城市绕城高速、联络线和并行线的识别号和顺序号	字母标识符、数字高度的2/3			
出口编号标志（cm）	数字高度	40～50	35～40	25～30	—
	标识多出口的字母	数字高度的2/3			
	"出口"	25或30			
"距离"信息	数字高度	除中英文对照的地点距离标志中的"距离"信息为1h外，其他"距离"信息为0.75h～0.85h（h为汉字高度）			

4.2.5 省级高速公路命名和编号标志应符合下列规定：

1 省级高速公路的命名和编号规则宜与国家高速公路网的命名和编号规则保持一致，其命名编号标志由"×高速"、编号和中文简称三部分组成，其中"×高速"为所在省、自治区或直辖市的简称，如"京""皖""陕"等。形状为长方形，颜色为绿底、白字、白边框、绿色衬边，其中"×高速"为黄底、黑字，如图4.2.5-1。设置位置、板面规格同国家高速公路命名编号标志。

2 省级高速公路编号标志由"×高速"和编号两部分组成，形状为长方形，颜色为绿底、白字、白边框，其中"×高速"为黄底、黑字，如图4.2.5-2。板面规格同国家高速公路编号标志。

图4.2.5-1 省级高速公路命名编号标志示例

图4.2.5-2 省级高速公路编号标志示例

4.2.6 普通公路的编号标志应符合下列规定：

1 普通国道、普通省道、县道、乡道编号标志的形状为长方形。普通国道编号标志为红底、白字、白边框、红色衬边；普通省道编号标志为黄底、黑字、黑边框、黄色衬边；县道编号标志为白底、黑字、黑边框、白色衬边；乡道编号标志为白底、黑字、黑边框、白色衬边。普通国道、普通省道、县道、乡道编号标志用作指路标志的路线信息时，应保留边框，删除衬边，如图4.2.6。

2 字母标识符和编号高度与设计速度的关系同国家高速公路编号标志。

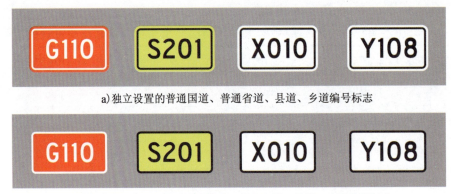

a) 独立设置的普通国道、普通省道、县道、乡道编号标志

b) 作为指路标志信息的普通国道、普通省道、县道、乡道编号标志

图 4.2.6 普通国道、普通省道、县道、乡道编号标志

4.3 与里程传递相关的交通标志

4.3.1 因路线调整而引起的国家公路网里程桩号发生变化的，相关的里程牌、百米牌或里程碑、百米桩等应进行相应调整。

4.3.2 设置于高速公路的里程牌应符合下列规定：

1 里程牌可双面设置在中央分隔带，也可单面分别设置在路侧，应在对交通车型构成、路侧和中央分隔带的设置条件等因素加以分析的基础上确定。设置于中央分隔带时，应避免里程牌被树木遮挡。无论是单面还是双面，同一桩号处里程牌的版面内容应相同。

2 在准确位置不能安装里程牌时，可在沿行车方向±15m范围内移动。

3 里程牌尺寸规格为70cm×48cm，形状如图4.3.2所示。

图 4.3.2 里程牌版面及效果图示例

4.3.3 设置于高速公路的百米牌应符合下列规定：

1 百米牌设置于高速公路各里程牌之间，每100m设置一个。中央分隔带或路侧设置波形梁护栏时，百米牌可安装在护栏板上，否则可设置于柱式轮廓标上。

2 为确定高速公路使用者的所在位置，百米牌上应出现所在位置的公里数。百米数字高5cm，绿底白字，公里数高2cm，白底绿字，如图4.3.3。

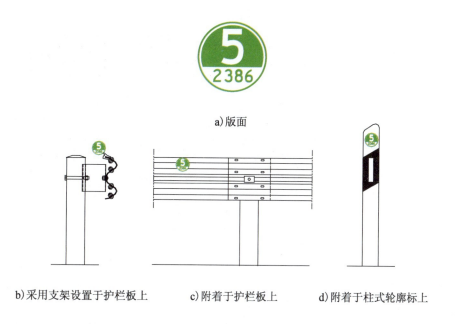

图 4.3.3 百米牌版面及设置示例

4.3.4 普通公路的里程碑、里程牌和百米桩、百米牌应符合现行《道路交通标志和标线 第 2 部分：道路交通标志》（GB 5768.2）的规定。

4.4 高速公路出口编号标志

4.4.1 高速公路应按下列规则编制出口编号：

1 高速公路出口编号一般为阿拉伯数字，其数值等于该出口所在互通式立体交叉中心桩号的整数值；桩号数为"0"时，出口编号应采用"1"；桩号数超过千位并不易引起混淆时，可保留后三位中的有效数字。如互通式立体交叉中心桩号为 K15+200，则相应的出口编号为"15"。如互通式立体交叉中心桩号为 K1036+700，则出口编号为"1036"；在桩号转换位置附近设置明显提醒标志时，相应的出口编号可采用"36"（而非"036"）。

2 高速公路地区环线或城市绕城高速与其他高速公路有重合路段时，应保留地区环线或城市绕城高速的出口编号。除此之外，国家高速公路与其他高速公路重合时，应采用国家高速公路的出口编号；两条或多条国家高速公路路线重合时，应保留编号较小的高速公路的出口编号；两条或多条省级高速公路路线重合时，应保留编号较小的高速公路的出口编号。如图 4.4.1-1 所示。

3 同一个互通式立体交叉在同一主线方向有两个或以上出口时，主线右侧（即桩号由小到大的一侧）应按照逆时针方向在出口编号后加 A、B、C 等表示，主线左侧（即桩号由大到小的一侧）仍用 A、B、C 等表示，但其所指前进方向应与右侧相同。

同一侧的出口能到达两个方向时，该出口可按上述原则按两个出口处理。任何情况下，相同的出口编号所代表的前进方向应相同。典型情况下出口编号示例如图 4.4.1-1b）和图 4.4.1-2 所示。

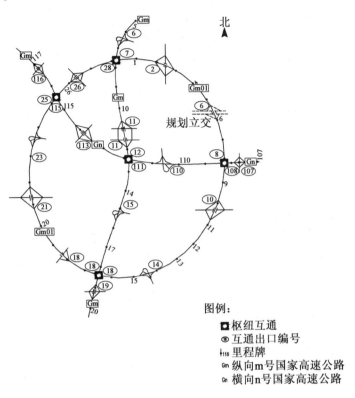

a) 主线与环线高速公路的互通式立体交叉出口编号方法示例

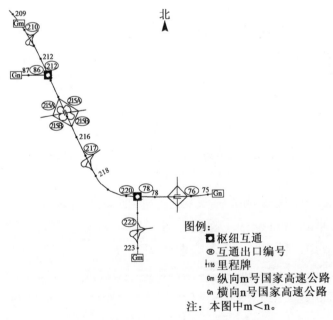

b) 高速公路重合路段的互通式立体交叉出口编号方法示例

图 4.4.1-1　国家高速公路互通式立体交叉出口编号方法示例

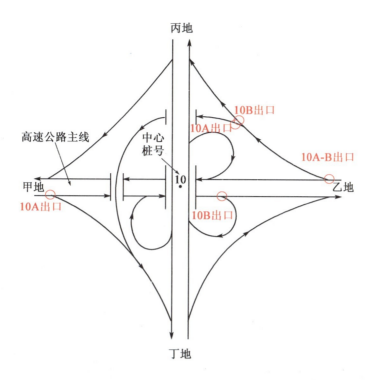

图 4.4.1-2 出口编号示例

4.4.2 右出口编号标志应位于标志板右上方，左出口编号标志应位于标志板左上方。其规格和颜色应符合下列规定：

1 出口编号标志应采用椭圆形，短轴与长轴之比为 0.6~0.8，白底、绿字，无边框，如图 4.4.2-1。

a) 右出口编号标志颜色及版面示例　　b) 左出口编号标志颜色及版面示例

图 4.4.2-1　出口编号标志颜色及版面示例

2 出口编号位于标志板上方时，应位于"出口"二字的右侧。"出口"字高可选用 25~30cm。出口编号为 3~4 位数时，短轴与长轴之比可选为 0.6；出口编号为 1~2 位数时，短轴与长轴之比可选为 0.8。出口编号的文字高度应按表 4.2.4 的规定选取，多出口编号英文字高宜为数字高度的 2/3。图 4.4.2-2 提供了出口编号标志规格示例。

3 为加强互通式立体交叉的出口预告标志视认效果，出口预告标志的出口编号标志可适当提高板面规格，如图 4.4.2-3 所示。

4 双标识出口预告标志的使用应符合本指南第 4.8 节的规定。

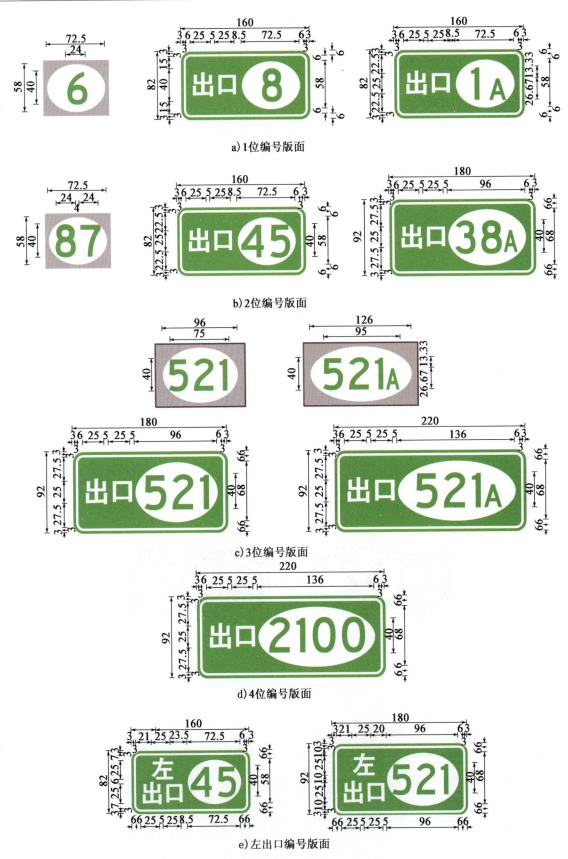

图 4.4.2-2 出口编号标志规格示例（尺寸单位：cm）

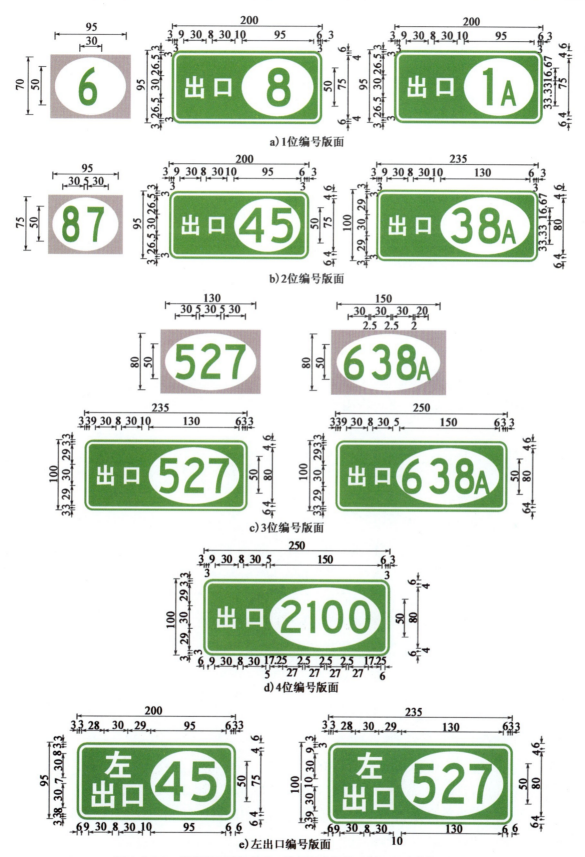

图 4.4.2-3 提高板面规格的出口编号标志规格示例（尺寸单位：cm）

4.5 高速公路出口分流鼻设置的地点、方向标志

4.5.1 高速公路出口分流鼻处设置地点、方向标志时，宜结合现状交通标志评价结果，如交通运行状况良好，则无须进行调整；如在出口区域范围内，有数据表明确因地点、方向标志设置原因导致紧急制动或急变道现象比较严重，可根据本指南第5.3.4条的规定对相关标志进行补充或完善。

4.5.2 出口三角端处应采取措施突出出口分流鼻位置，并避免车辆碰撞标志立柱。

4.6 高密度路网的交通指引

4.6.1 高密度路网主要是指公路网密度较高，尤其是高速公路网高度发达的路网，如珠三角地区的高速公路网。

4.6.2 位于高密度路网地区的高速公路，除应对直接到达的高速公路进行指引外，还应对间接到达的高速公路进行指引。

4.6.3 间接指引的范围和版面形式应符合本指南第7.2节的规定。

4.7 多路径交通指引

4.7.1 多路径公路指两个目的地之间存在两条或多条可供驾驶人行驶的，在行驶时间、行驶里程或行驶费用等方面相差不大的公路路径。

4.7.2 当两个目的地之间存在本指南第7.1.4条规定的A层信息，可以明确区分行驶路径时，宜通过路线自身的A层信息来区分，不作为多路径公路进行指引。

4.7.3 多路径高速公路根据路网拓扑关系可分为四类路网结构，分别为：
1　Ⅰ类：指从一个枢纽分出两条高速公路，两条高速公路可到达同一个城市的城市绕城高速公路。
2　Ⅱ类：指从一个枢纽分出两条高速公路，一条高速公路可到达某城市的城市绕城高速公路（或市区），另一条高速公路到达该城市的其他地区。
3　Ⅲ类：指两条高速公路通过其他高速公路相连且间距较近，且两条高速公路可到达同一个城市的城市绕城高速公路。
4　Ⅳ类：指两条高速公路通过其他高速公路相连且间距较近，一条高速公路可到达某城市的城市绕城高速公路（或市区），另一条高速公路到达该城市的其他地区。

各类多路径高速公路的示例如图 4.7.3。

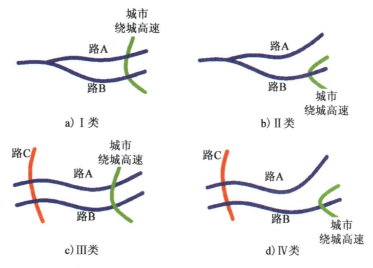

图 4.7.3　多路径高速公路的分类

4.7.4　多路径高速公路交通标志的调整应符合本指南第 7.2 节的规定。

4.8　国家公路与其他交通运输方式的衔接指引

4.8.1　衔接指引是指国家公路网中国家高速公路与普通国道的相互指引，国家公路与其他公路和城市道路的相互指引，以及国家公路与铁路、水路和航空等其他运输方式之间的相互指引。

4.8.2　衔接指引应根据路网情况合理确定衔接指引范围。

4.8.3　衔接指引的具体方法参见本指南第 7.2 节的规定。

4.9　双标识指路系统

4.9.1　双标识指路系统是指同时使用公路路线名称与编号的指路系统，适用于高速公路路网非常复杂、互通式立体交叉数量多且交通转换频繁的情况，经综合论证可采用，主要包括：

1　入口预告标志增加与该互通式立体交叉（或收费站）名称相同的入口中文名称。如图 4.9.1a）增加了入口中文名称"舒城"。

2　高速公路编号右侧可增加其中文简称。如图 4.9.1a）中，"G40"编号标志右侧增加了其中文简称"沪陕高速"。

3　出口编号标志除采用其中心桩号的整数值作为出口编号外，增加其互通式立体交叉（或收费站）的中文名称。对于一般互通式立体交叉采用"××出口"＋出口数字编号的形式，枢纽型互通式立体交叉采用"××立交"+出口数字编号或"××枢纽"+出口数字编号的形式，如图4.9.1b）及图4.9.1c）。

图4.9.1　国家公路网命名编号标志和编号标志示例

4.9.2　双标识指路系统及英文使用示例如附录C.2。

4.10　普通公路路径指引标志设置规模

4.10.1　普通公路路径指引标志的设置，应根据其技术等级来确定规模。

4.10.2　普通公路路径指引标志的设置应符合本指南第7.3节的规定。

4.11　无编号的路线与特殊区域的表示方法

4.11.1　无统一编号的公路、城市道路，宜采用其中文简称外带边框的方式来标识，其版面颜色为：
　　1　公路为高速公路时，采用绿底、白边框，普通公路为蓝底、白边框。
　　2　城市道路为城市快速路时，采用绿底、白边框，一般城市道路为蓝底、白边框。
　　图4.11.1a）中的"机场"表示机场高速公路，图4.11.1b）中的"新蚌埠路"表示一般城市道路。

图4.11.1　路线表示方法示例

4.11.2 旅游景区、交通枢纽、自然保护区等区域作为指路信息时，其外围不应设置白边框，图案颜色应符合现行《道路交通标志和标线 第2部分：道路交通标志》（GB 5768.2）的规定，如图 3.5.5b）所示的旅游景区信息。

4.12 旅游区标志

4.12.1 应根据旅游景区的级别、路网情况等合理确定旅游景区指引标志的指引范围。

4.12.2 旅游景区指引标志的版面信息应保证系统性和连续性。

4.13 告示标志

4.13.1 现有公路路线调整，可在起点适当位置通过告示标志来告知驾驶人路线编号的调整情况。

4.13.2 告示标志的设置不应影响其他标志的视认。

5 调整方案

5.1 一般规定

5.1.1 国家公路网交通标志的调整方案应符合下列规定：

1 规划路线已由等级公路贯通的部分，按本指南的规定进行国家公路网交通标志调整。

2 规划路线未由等级公路贯通的部分，当同时满足下列条件时，可暂不调整：

1）规划路线与现状路线的路径不同；

2）规划路线与现状路线编号相同；

3）现状路线已由等级公路贯通。

3 其他未由等级公路贯通的部分按断头路处理。

5.1.2 已通车国家公路交通标志调整前，宜根据本指南第 2.3 节的规定对现状交通标志的使用情况进行评价，以解决国家公路网路线调整引起的命名和编号更换以及路网环境下指路标志设置的不合理问题。具体调整内容见第 4 章，指路标志信息的选取见第 7 章。

5.1.3 已通车国家公路原有交通标志应按下列原则尽量加以再利用：

1 根据本指南要求设计的交通标志版面，经对支撑结构进行力学验算能够利用现有结构和板面的，宜使用现有结构和板面，只更换反光膜。

2 根据本指南要求需要拆除的交通标志，宜加以再利用，如作为告示标志或用作其他公路的交通标志等，以避免浪费。

5.1.4 同一标志板面（除命名编号标志外）的中、英文和阿拉伯数字的字体和相关设计要素应统一，英文的大小写规则也应统一。

5.1.5 需要更换标志板或需要全部重新粘贴反光膜的交通标志应参照本指南第 7 章的规定进行设计。

5.2 交通标志的调整方式

5.2.1 根据已通车国家公路交通标志的调整范围，交通标志调整方式可分为粘贴反光膜、更换标志板、移位、新增加、拆除等五类。

5.2.2 粘贴反光膜是指交通标志的板面、支撑结构和基础均可利用，仅需调整全部或部分反光膜。部分粘贴反光膜时，应避免新旧反光膜性能差异过大。该方式具有经济节约、施工快速的特点，宜尽量采用。

5.2.3 更换标志板是指仅需要调整标志板及其反光膜，其他部分不变。下列两种情况可采用更换标志板的调整方式：
1 现有标志板面过小，不能适应按本指南要求设计的新标志版面。
2 现有标志板面过大，采用原标志板造成浪费并且影响美观。

调整标志板前，应对原结构进行强度和刚度验算，以保证原标志结构对于新标志板的结构安全性；如果原有结构及基础不满足要求，则需将原标志拆除，并需新增加交通标志。

5.2.4 移位是指需将现有的标志包括基础在内整体移动位置，以符合本指南对标志设置位置的要求。移位方式主要适用于小型交通标志的调整。

5.2.5 新增加是指由于各种原因需要新增加的交通标志。下列三种情况可采用新增加的调整方式：
1 原标志的结构不能再利用，需拆除原标志，增加新的标志。
2 根据本指南的规定需要增加的标志。
3 原标志无法移位时，需要将原标志拆除，增加新的标志。

5.2.6 拆除是指现有标志不满足本指南的要求并且无法再利用的，需将标志拆除。需要拆除的标志主要有下列类型：
1 损坏或老化严重的标志。
2 违反规定设置的非交通标志。
3 设置不合理或无法再利用的其他标志。

5.3 高速公路交通标志的调整方案

5.3.1 高速公路命名、编号标志的调整方案如下：
1 公路命名、编号标志全部进行调整的，其字体和版面应符合本指南第3.2节和附录A的有关规定。
2 公路命名、编号标志部分进行调整的，其字体可不调整。具体改造示例如图5.3.1所示。

注：根据现行《公路路线标识规则及国道编号》（GB/T 917）的规定，原省级S10高速公路调整为国家高速公路的联络线，编号改为G6011。

图 5.3.1　国家高速公路命名、编号调整示例

5.3.2　与高速公路里程传递相关的交通标志的调整方案如下：

1　已通车高速公路的里程牌应根据现行《公路路线标识规则与国道编号》（GB/T 917）和《国家公路网里程桩号传递方案》的规定调整高速公路编号和里程数值。

2　各省份分界处存在断链时，宜设置体现断链值的里程牌。

3　已通车高速公路的百米牌应根据里程牌的变化情况调整其设置位置和版面信息。

5.3.3　高速公路出口编号标志的调整方案如下：

1　因路线调整引起高速公路里程桩号发生变化时，高速公路出口编号标志应相应调整。

2　高速公路出口编号数值应等于该出口所在互通式立体交叉中心桩号的整数值。原出口编号数值为"0"时，宜调整为"1"；桩号数超过千位时，如采用后三位中的有效数字容易引起驾驶人的误解，宜调整为实际里程桩号值。

3　根据需要，可按本指南第 4.4 节的规定，将互通式立体交叉的第 1 块出口预告标志（如 2km 出口预告）和位于互通式立体交叉前基准点处出口预告标志中上方的出口编号标志适当提高板面规格。

5.3.4　高速公路出口分流鼻设置的地点、方向标志调整方案如下：

1　高速公路出口分流鼻处设置的双悬臂地点、方向标志，经论证需要调整时，宜在距前基准点 500m 和前基准点处，增设直行地点、方向标志，版面信息应与分流鼻处设置的双悬臂地点、方向标志的直行信息保持一致；或者根据本指南第 7 章的规定将现状地点、方向标志改造为出口标志。

2　出口三角端处宜设置突起路标或弹性柱。

3　分流鼻处设置的双悬臂地点、方向标志或改造后的出口标志立柱上宜设置两侧通行的线形诱导标或黄闪灯，双悬臂地点、方向标志前方应设置缓冲设施；改造后的出口标志应采用解体消能结构，否则在其前方亦应设置缓冲设施。

5.3.5 高密度路网交通标志的调整方案如下：

1 对高速公路网密度高的地区，应根据现状交通标志评价结果和实际需求，确定是否对间接到达的高速公路进行指引。若现状交通标志使用状况良好，可暂不调整。

2 应根据本指南第 7.2 节的规定合理使用间接到达信息，以避免信息过载。具体改造示例见附录 D。

5.3.6 多路径高速公路指路标志的调整方案如下：

1 多路径高速公路指路标志调整应充分考虑实际需求，若现状交通标志应用状况良好，可暂不调整。

2 多路径高速公路指路标志应根据实际情况选取指路原则，如路网结构原则、最短路径原则等，调整原则在一定范围内应保持一致。

5.3.7 衔接指引的调整方案如下：

1 衔接指引应充分考虑实际需求，若现状交通标志应用状况良好，可暂不调整。

2 衔接指引应合理确定指引范围，避免范围过大。

3 具体改造示例如图 5.3.7 所示。

注：对与高速公路连接的城市道路进行指引，放于上部居中，并采用蓝底、白边框的方式进行表示。因版面限制，为利用原标志板，故取消英文。

图 5.3.7 衔接指引交通标志调整示例

5.3.8 双标识指路系统的调整方案如下：

1 调整内容应符合本指南第 4.9.1 条的规定。

2 如采用双标识指路系统，为避免驾驶人产生迷惑，宜以省（自治区、直辖市）为范围进行调整。

3 具体调整示例如图 5.3.8 所示。

5.3.9 无编号的路线与特殊区域表示方法的调整方案如下：

1 如版面中需要调整"地区名称"等主要信息，则无编号的路线与特殊区域的表示方法可同步调整。

注：增加了G60₁₁的中文名称"南韶高速"，在出口编号标志中给出"瑶前立交"信息。

图 5.3.8 双标识指路系统应用示例

  2 若版面中不需要调整"地区名称"等主要信息，则本项内容可在其使用期限内逐步调整。

5.3.10 旅游区标志的调整方案如下：
  1 当现状旅游区标志不存在影响主要指路标志视认等问题时，可暂不进行调整。
  2 旅游区标志可结合公路大中修等进行修改完善。

5.4 普通公路交通标志的调整方案

5.4.1 普通公路命名、编号的调整方案应符合下列规定：
  1 普通公路路径指引标志中无公路编号标志的，可在表示平面交叉的图案箭杆上增加公路编号信息。版面信息较多或有重合路段时，可参照本指南第 7 章的规定，采用公路编号标志与平面交叉相关标志分开设置的方式。
  2 普通公路编号标志全部进行调整的，其字体和版面应符合本指南第 3.1 节和附录 A 的有关规定；部分进行调整的，其字体可不调整。
  3 具体改造示例如图 5.4.1 所示。

注：1.前方路线交叉直行为国道，编号为G229，在《公路路线标识规则与国道编号》（GB/T 917）中调整为G506；右转公路原为县道，编号为X003，现升格为省道，编号改为S229。
2.由于右转公路升级，相应的地点信息也同步进行了调整。

图 5.4.1 普通国道编号调整示例

5.4.2 与国道里程传递相关的交通标志的调整方案应符合下列规定：
  1 已通车普通公路的里程碑（牌）应根据现行《公路路线标识规则与国道编号》

（GB/T 917）和《国家公路网里程桩号传递方案》的规定调整普通公路编号和里程数值。

  2 普通国道在各省份分界处存在断链时，宜设置体现断链值的里程碑（牌）。

  3 已通车普通公路的百米桩应根据里程碑（牌）的变化情况调整其设置位置。

  4 当现状普通国道、普通省道、县道、乡道无里程碑（牌）及百米桩时，应增设。

5.4.3 普通公路路径指引标志设置规模的调整方案应符合下列规定：

  1 应按技术等级来确定普通公路交通标志的设置规模。

  2 当现状普通公路的路径指引标志的设置规模高于按技术等级确定的规模时，可不调整。

5.4.4 衔接指引的调整方案应符合下列规定：

  1 公路穿城镇路段应保持公路编号信息的连续性，否则在进入城镇前适当位置应告知驾驶人该路线的行驶路径。

  2 城市道路指路标志中宜根据需要增加公路编号信息。

5.4.5 旅游区标志应符合下列规定：

  1 已通车普通公路需设置旅游区标志时，可在标志调整时将符合要求的旅游景区信息作为地名信息添加至版面上，如图3.5.5b）。

  2 原有标志不调整时，可根据需要独立设置旅游区标志，如图5.4.5。

图5.4.5 独立设置的旅游区标志示例

5.5 其他调整方案

5.5.1 交通标志字体可随版面中"公路编号"、"高速公路出口编号标志"等的调整，在保持版面整体美观协调的前提下进行同步调整。

5.5.2 容易引起误解或歧义的交通标志版面，应根据现状交通标志评价结果进行及时调整。

5.5.3 交通标志版面中，采用的图案与本指南第3.5节的规定不一致时，可随其他内容的修改同步调整，或在其使用期限内逐步更换。

5.5.4 因采用不当的距离基准点而影响驾驶人使用时，应及时调整相关地点距离和出口预告等标志。

5.5.5 根据各城市"市区"或"城区"的管辖范围，对相关地点距离和出口预告等标志进行核查。有明显问题并影响驾驶人的判断时，应及时进行调整。

5.5.6 根据现状交通标志评价结果，当交通标志的设置位置、支撑方式、材料及支撑结构等方面存在的问题，或路侧环境影响交通标志的功能和视认性时，应及时进行调整。

6 工程施工

6.1 一般规定

6.1.1 国家公路网交通标志调整工程必须做好施工前的准备工作和施工中的技术交底、施工组织、施工管理等工作,并应符合现行《道路交通标志和标线 第4部分:作业区》(GB 5768.4)、《公路养护安全作业规程》(JTG H30)、《公路交通安全设施施工技术规范》(JTG F71)和本指南的规定,以免对正常的交通秩序产生过大影响或造成施工安全事故。

6.1.2 已通车国家公路网交通标志调整工程施工的基本流程如图6.1.2所示。

图6.1.2 交通标志调整工作基本流程

6.2 施工准备

6.2.1 施工单位施工前应仔细阅读设计文件并进行现场踏勘,发现问题(如文件本身的问题、现场情况与文件不一致的问题等)应及时通知设计单位进行修改或变更。

6.2.2 工程施工前,应配合公路管理单位和公安交通管理部门积极做好交通组织协调工作,提出具体的交通组织、疏导工作方案,并严格按照现行《道路交通标志和标线 第4部分:作业区》(GB 5768.4)、《公路养护安全作业规程》(JTG H30)的规定设置必要的交通安全设施。
 1 交通组织、疏导方案应符合下列规定:
 交通标志调整工作施工工程量大、影响面广,应从省域和单个项目两个方面建立完善的交通组织方案,以减少工程施工对交通的不利影响。
 1)从省域方面,要从区域交通组织的角度安排施工工期,主要应遵循下列原则:
 ①两条平行公路不宜安排在同一工期施工,以免发生方向性交通拥堵。
 ②相关度高的公路宜安排在同一工期施工,如A公路的车流主要来自B公路,则A与B可同时施工。
 ③对于主要公路的出入口宜夜间施工。

2）从单个项目方面，交通组织应考虑下列三个方面：

①通过优化施工方法来减小工程施工对交通运行的影响。在尽量减少对施工现场周边环境交通影响的前提下，应尽量选择质量优、时间短的施工方法。如同一规格的标志板更换工程量较大时，可以预先制作少量同类型的标志板，运至现场，在现场设置好临时设施后，将原有标志取下，用新标志替换原有标志，最后拆除临时设施；将取下的标志运回车间，经过去底膜及字膜，并重新粘贴反光膜等相关施工工艺后，再运至施工现场，替换同一规格的其他交通标志。这种循环施工可减少现场工作时间，降低工程施工对交通的影响。

②交通分流。制定交通分流方案，以减少施工路段的交通量。

③驾驶安全管理。通过交通管理手段使交通有序流动，如在施工路段设置准确、醒目的交通标志和标线，正确引导车辆通行，并保证行车安全。

2 设置临时设施应符合下列规定：

国家公路网交通标志调整工作大部分都是在已通车的公路上进行的，所以加强临时设施的设置非常重要。本节所说的临时设施主要指临时性的交通安全设施。

1）临时交通安全设施主要包括：

①临时交通标志与标线；

②用于渠化交通的安全设施，如锥形交通路标、施工隔离墩、防撞桶等；

③移动式标志车；

④施工警告灯；

⑤夜间照明设施。

2）临时交通安全设施的设置步骤如图 6.2.2。

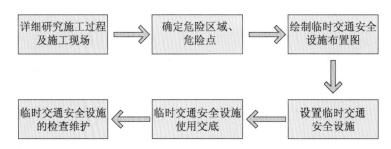

图 6.2.2 临时交通安全设施的设置步骤

对作业控制区的要求、作业控制区的布置以及安全作业方面的具体要求，应符合现行《道路交通标志和标线 第 4 部分：作业区》（GB 5768.4）和《公路养护安全作业规程》（JTG H30）的规定。

6.2.3 工程施工除应具备施工人员、进场材料及施工机械等基本条件外，还应具备合适的气象条件和交通条件：

1 交通标志板粘贴反光膜应尽量在车间进行，如需现场粘贴，则应选择在晴朗的天气下进行，应避免在雨、雾、风的天气环境下施工，以免产生气泡，影响交通标志板的视认效果。

2 应尽量减小施工对交通运行的影响。宜选择交通量小的时段进行施工，并设置完善的临时交通安全设施，制定完善的交通组织、疏导方案。

6.3 粘贴反光膜的施工

6.3.1 粘贴反光膜是指利用原有标志板和支撑结构（结构防腐处理要求同第6.4节的规定），但反光膜需要重新粘贴的更换方式。当标志板的绝大部分或全部需要更换反光膜时，应采用车间施工的方法，施工步骤如图6.3.1所示。

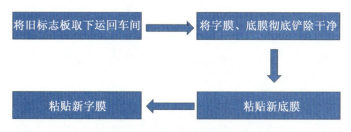

图6.3.1 粘贴反光膜的施工步骤

6.3.2 只需局部更换反光膜且施工条件允许时，可采用现场施工的处理方法，但粘贴后的反光膜应满足逆反射系数和平整度的要求。

6.3.3 粘贴反光膜时，必须保证标志底板洁净干燥，否则因标志板尺寸较大、反光膜等级较高、质地较脆等原因，很容易出现气泡。对于已形成的气泡，可分别采取抽吸、吹熨、修补等处理措施。

6.3.4 如果标志板只需更换部分反光膜，那么同一标志板的反光膜等级应一致，且同一颜色的反光膜应无明显的色差。

6.3.5 具备条件时，原有字膜和底膜可采用高压水喷射清除的处理工艺；新的反光膜可采用电刻膜或数码打印的方式加工制作，但反光膜的性能等不得降低。

6.4 更换交通标志板的施工

6.4.1 更换交通标志板是指交通标志板及起加强和连接作用的滑动槽钢为新加工、制作，支撑结构仍利用原有结构的更换方式。

6.4.2 标志板、滑动槽钢的材料、标志底板的加工及标志面的制作要求应符合本指南第6.4节的规定。

6.4.3 局部锈蚀的原有钢支撑结构（包括外露的地脚螺栓、法兰盘等）可采用喷涂无机富锌漆的方法进行防腐处理。施工前，应对钢材表面用喷砂或抛（喷）丸的方法进行除锈，并达到现行《涂覆涂料前钢材表面处理　表面清洁度的目视评定》（GB/T 8923）规定的等级。涂料配置和施工方法应符合无机富锌漆的使用规定。

6.4.4 当原有防腐层已大范围变薄、脱落、凸起、开裂、可剥离，不能继续使用时，应首先去除原防腐层，再重新按照现行《公路交通安全设施施工技术规范》（JTG F71）和《公路交通工程钢构件防腐技术条件》（GB/T 18226）的规定进行防腐处理。

6.4.5 当原有结构已严重变形、影响正常使用时，应进行更换处理。

6.4.6 抱箍、抱箍底衬、螺栓、螺母、垫圈等原则上利用原有材料。原有材料不足时，应按原有规格进行加工、制作。

6.4.7 混凝土基础仍可利用，但在安装交通标志板时，应符合行车净空的要求。

6.5 交通标志移位的施工

6.5.1 对于公路命名和编号标志、里程牌（碑）、百米桩等小型交通标志，如版面内容无变化，可根据公路路线的调整，整体移至新的位置。

6.5.2 交通标志移位后，不得侵入公路建筑限界。其地基和基础应满足交通标志稳定性的要求。

6.6 新增加交通标志的施工

6.6.1 新增加交通标志的材料应符合下列规定：
1　标志立柱和横梁：凡钢管外径小于或等于152mm的立柱和横梁，可采用普通碳素结构钢（Q235）焊接钢管，并应符合现行《碳素结构钢》（GB/T 700）的要求；凡钢管外径大于152mm的立柱和横梁均应采用普通碳素结构钢（Q235）热轧无缝钢管，并符合现行《结构用无缝钢管》（GB/T 8162）的规定。特殊规定除外。
2　标志立柱柱帽和横梁帽：可采用普通碳素结构钢板，板厚一般采用3mm。
3　标志底板、滑动槽钢：标志底板可采用铝合金板、挤压成型的铝合金型材等制作。采用铝合金板时，应采用型铝制作的滑动槽钢进行加固。标志底板和滑动槽钢所用材料应符合现行《道路交通标志板及支撑件》（GB/T 23827）的规定。
4　反光膜：应符合现行《道路交通反光膜》（GB/T 18833）的规定，采用照明设施或主动发光器件或材料时，应符合现行《道路交通标志和标线　第2部分：道路交通标志》（GB 5768.2）和《LED主动发光道路交通标志》（GB/T 31446）的规定。

5 钢筋混凝土基础材料：包括钢筋、水泥、细集料、粗集料、拌和用水、外加剂等材料，应符合现行《公路桥涵施工技术规范》（JTG/T F50）的有关规定。

6.6.2 标志底板的加工应符合下列规定：

1 标志底板应根据设计尺寸在工厂进行加工成型，并根据设计文件的要求进行加固、拼接、冲孔、卷边。对于标志底板拼接后铆钉痕迹明显的问题，施工中应首先将铆钉处的底板按铆钉头大小起窝，打入铆钉后，再用砂轮将铆钉头磨平，可较好地解决铆钉痕迹明显的问题。

2 加工完成后，标志板应进行脱脂、清洗、干燥等工序。

3 标志面的制作、包装、贮存及运输应符合下列规定：

1）标志面的制作应符合下列规定：

①标志反光膜应在干净、无尘土、温度不低于18℃、相对湿度在20%～50%的车间内进行粘贴。标志反光膜的逆反射性能应符合设计文件的要求。

②版面的形状、箭头、编号、图形、边框及所采用的汉字、阿拉伯数字、英文字母及隔音符号应严格按照设计文件及本指南的规定执行。

③反光文字符号应采用电脑刻绘机来完成，标志底膜应在专用的真空热敏压贴机或连续电动滚压贴膜机上完成贴膜，文字符号一般采用转移膜法粘贴。具备条件时，反光膜可采用电刻膜或数码打印的方式加工制作，但反光膜的颜色和逆反射系数等不得降低。

④反光膜应尽量减少拼接。任何字符不允许拼接，标志板的长度或宽度小于反光膜产品的最大宽度时，底膜不应有拼接缝。当不能避免接缝时，应使用反光膜产品的最大宽度进行拼接。在粘贴底膜时，横向不宜有拼接，竖向拼接时，上膜须压接下膜，压接宽度不应小于5mm。当采用平接时，其间隙不应超过1mm。距标志板边缘50mm之内，不得有拼接。

⑤对于接缝处反光膜易产生锯齿形裂缝的问题，在粘贴反光膜后，在反光膜自行裂开前先在标志底板接缝处把反光膜人为断开成一条直线，可以得到较好解决。

2）包装、贮存及运输标志面时，应符合下列规定：

①贴上反光膜的标志板应用保护纸进行分隔，并应存放在室内干燥的地方。标志板宜竖立贮存以减少压力，一些小标志可以悬挂贮存。分层贮存时，应采用发泡胶把两块标志分隔。

②标志面应有软衬垫材料加以保护，以免搬运中受到刻划或其他损伤。

4 钢构件的加工应符合下列规定：

1）所有钢构件的钻孔、冲孔、焊接均应按现行《公路桥涵施工技术规范》（JTG/T F50）和设计文件的要求，在防腐处理之前完成。

2）标志支撑结构中所有钢构件均应按现行《公路交通安全设施施工技术规范》（JTG F71）和现行《公路交通工程钢构件防腐技术条件》（GB/T 18226）的规定进行热浸镀锌处理。所采用的锌应为现行《锌锭》（GB/T 470）所规定的特一号或一号锌锭，镀锌量除螺栓、螺母等连接件为350g/m²外，其余为600g/m²。螺栓、螺母、垫圈经热浸镀锌处理后应清理螺纹或作离心处理。

5 标志定位与基础设置应符合下列规定：

1）所有交通标志均应按设计文件的要求确定设置位置，并应与管理单位充分协调，特别应注意对中央分隔带和路侧的通信、电力管道的保护。

2）标志基础的地基承载力应满足设计文件的规定，并不得小于150kPa。基础的施工应符合现行《公路桥涵施工技术规范》（JTG/T F50）的规定，浇筑混凝土时，应注意准确设置地脚螺栓和底座法兰盘。

6 标志安装应符合下列规定：

1）立柱必须在基础混凝土强度达到设计强度的80%以上时才能安装。

2）悬臂式、门架式标志吊装横梁时，应使预拱度达到设计文件的要求。

3）标志板安装到位后，应进行板面平整度和安装角度的调整。

6.7 原有交通标志的拆除

6.7.1 交通标志的上部结构宜全部拆除，拆除后的上部结构宜加以再利用。交通标志的基础应考虑安全、美观等因素加以处理，以免构成路侧安全隐患。

7 新建国家公路交通标志的设置

7.1 一般规定

7.1.1 新建国家公路交通标志的设置，应以不熟悉周围路网体系但对前往目的地和出行路线有所规划的公路驾驶人为设计对象，为其提供清晰、明确、简洁的信息，并使其有足够的发现、认读和反应时间。

7.1.2 新建国家公路应在全面分析整条路线和相关路网的功能、关系基础上设置指路标志；根据旅游景区质量等级适当设置旅游区标志；根据需要经论证可设置警告标志；依据交通法律、法规和交通管理的需要设置禁令、指示标志。

7.1.3 新建国家公路应设置下列指路标志和旅游区标志：
 1 路径指引标志：是为公路使用者提供从出发地到目的地沿途所经路线信息的交通标志，包括路线的编号（或名称）、沿线可达地区或地点的名称、行驶的方向及到达目的地或出口的距离等信息。
 根据公路使用者在行驶过程中对指路信息的需求，路径指引标志可分解为：
 1）高速公路：
 ①入口指引标志，含入口预告标志、入口处地点方向标志、命名编号标志（或路名标志）；
 ②行车确认标志，含地点距离标志，命名编号标志（或路名标志）；
 ③出口指引标志，含出口预告标志、下一出口预告标志、出口标志、出口处地点方向标志。
 从互通式立体交叉被交道路驶入高速公路，至下一互通式立体交叉出口，这些标志一般情况下宜按下列顺序出现在指路标志中：
 入口预告标志→入口处地点、方向标志→命名编号标志（或路名标志）→地点距离标志→命名编号标志（或路名标志，根据需要设置）→出口预告标志（根据需要并设下一出口预告标志）→出口标志→出口处地点、方向标志。
 2）普通公路：
 ①平面交叉预告标志；
 ②平面交叉告知标志；
 ③确认标志。

2 沿线信息指引标志：是为公路使用者提供所处位置的信息。包括：国家高速公路起、终点标志；行政区界标志；著名地点标志；大型交通设施标志；地点识别标志；里程牌（碑）、百米牌（桩）等。

3 沿线设施和指引标志：包括对沿线服务设施、管理设施、爬坡车道等设施的指引标志，以及普通公路设置的观景台、错车道等的指引标志。

4 旅游区标志：包括对沿线旅游景区设置的指引标志和旅游符号。

7.1.4 指路标志的版面信息主要包括公路编号（或名称）、目的地名称、地理方位和距离等信息。选择指路标志信息时，应综合考虑下列因素：

1 将所有的指路信息按其属性进行分类，再根据其重要程度和服务功能进行分层，以便于不同等级的公路选取适当的指路标志信息。新建公路的指路信息可参照表7.1.4的规定并结合路线的具体情况进行分类和分层。

表7.1.4 公路指路标志信息的分类和分层

信息类型		A 层信息	B 层信息	C 层信息
公路编号（或名称）		高速公路、普通国道、城市快速路编号（或名称）①	普通省道、城市主干线编号（或名称）①	县道、乡道、城市次干路和支路编号（或名称）①②
地区名称信息	高速公路的主线③、联络线和并行线；普通公路的主线③和联络线	重要地区，如直辖市、省会、自治区首府、副省级城市、地级市④	主要地区，如县及县级市	一般地区，如乡、镇、村⑥
	城市绕城高速	卫星城镇、城区重要地名、人口密集的居民住宅区⑤	城区较重要地名、人口较密集的居民住宅区	
	交通枢纽信息	飞机场、高铁站、特等火车站、港口、重要交通集散点	一等火车站、长途汽车总站、大型平面交叉、大型立交桥	其他火车站、长途汽车站、较大型平面交叉
	文体、旅游信息	具有历史、文化和科学价值的AAAAA、AAAA级旅游景区	具有历史、文化和科学价值的AAA级旅游景区	具有历史、文化和科学价值的AA、A级旅游景区
	重要地物信息	国家级经济技术开发区或产业基地、省部级政府机关	省级经济技术开发区或产业基地、地级政府机关	地、县级经济技术开发区或产业基地、县级政府机关

注：①公路有正式编号时，宜首选公路编号。公路编号（或名称）应符合现行《公路路线标识规则和国道编号》（GB/T 917）的规定。
②县、乡道宜同时标明公路编号和名称。
③国道（含国家高速公路和普通国道）的主线指首都放射线、北南纵线、东西横线和地区环线；省道（含省级高速公路和普通省道）的主线指省会放射线、北南纵线和东西横线。
④直辖市、省会、自治区首府等控制性城市可作为沿线的基准地区。
⑤应根据高速公路的服务功能、所在位置的远近、交通量和路线交叉分布的疏密等因素确定沿线的基准地区。城市绕城高速较长时，基准地区可相对固定，否则可适当变化。省级高速公路的省会放射线可选取城市范围内最远处的卫星城镇或城市城区（市中心）作为两个方向的基准地区。旅游、机场高速公路等应以其服务对象作为方向信息。如省级高速公路的省会放射线与国家高速公路重合，则应按国家高速公路的规定确定基准地区。
⑥C层信息的"村"仅用于县级及以下行政等级的公路。

2 公路编号（或名称）确定了公路的总体地理走向，有利于简化交通标志的版面信息数量，应优先选取。

3 目的地名称包括地区和地点名称等信息，可按本章的规定选取，其中公路沿线起方向控制性作用的地区（或地点）名称可作为沿线的基准地区（或地点），在一定范围的指路标志体系中相对固定并多次出现。

4 反映路线总体走向的地理方位信息，如东、西、南、北等，可按现行《道路交通标志和标线 第 2 部分：道路交通标志》（GB 5768.2）和《公路交通标志和标线设置规范》（JTG D82）的规定选取。

5 距离信息可按本指南第 3 章规定的基准点经计算确定。

6 高速公路出口指引标志中，第一行应为出口连接的公路编号（名称）信息，第二行宜为所连接公路能到达的 1~2 个地区或地点名称信息。在重合路段、间接到达等特殊指引需求情况下，一个标志版面中公路编号（名称）和地区或地点信息名称总数不宜多于 6 个，最多不应超过 8 个。

7.1.5 国家公路的命名、编号标志所使用的颜色和规格应符合本指南第 4.2 节的规定。其他文字、图案和衬边颜色的组合应符合下列规定：

1 以匝道收费站或高速公路出口匝道（无收费站时）的设计终点为界，高速公路主线及相连的匝道指路标志应为绿底、白字、白边框、绿色衬边，并按本章的规定进行设置，收费站或高速公路出口匝道（无收费站时）的设计终点以外的匝道及被交普通公路及城市道路的指路标志版面颜色应为蓝底、白字、白边框、蓝色衬边。被交道路为高速公路或城市快速路时，则全部指路标志均应为绿底、白字、白边框、绿色衬边，如图 7.1.5。独立设置于普通公路、城市道路的高速公路的入口预告标志应为绿底、白字、白边框、绿色衬边，特殊规定除外。

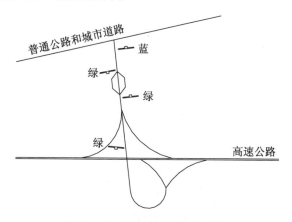

图 7.1.5 标志版面颜色的确定

2 版面中出现的普通国道编号标志，应为红底、白字、白边框；普通省道编号标志，应为黄底、黑字、黑边框；县、乡道编号标志，应为白底、黑字、黑边框。省级高速公路的编号标志的颜色应符合本指南第 4.2 节的规定，采用路线名称时，应为绿底、白字、白边框。出现在指路标志版面中的编号标志，可不设置衬边；但独立设置各类公路编号标志时，应有与底膜颜色相同的衬边。

3 版面中作为指路标志目的地的旅游景区信息，可为棕底、白字、白图案。独立设置旅游景区标志时，应为棕底、白字、白图案、白边框、棕色衬边。

4 告示标志和辅助标志应为白底、黑字、黑边框、白色衬边。

7.1.6 新建国家高速公路交通标志版面中的中、英文和阿拉伯数字应根据本指南第3.2节的规定采用交通标志专用字体。各类字体示例如附录A所示。

7.2 新建国家高速公路交通标志的设置

7.2.1 路径指引标志的设置应符合下列规定：

1 入口指引标志的设置

1）在通往高速公路的普通公路或城市道路平面交叉处，应设置带行车方向指引的高速公路入口预告标志。其他位置可根据下列规定设置：

①距高速公路 5～10km 范围内、距城市绕城环线和放射线高速公路入口 2～5km 范围内的道路平面交叉处，应根据道路条件、交通条件及交通管理的需要在主要平面交叉处设置入口预告标志，如图 7.2.1-1。确定高速公路的指引路线后，平面交叉较少的路段每隔 2km 宜设置一个入口预告标志。

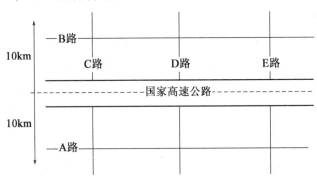

图 7.2.1-1 设置国家高速公路入口预告标志的范围示例

②平面交叉附近如存在与高速公路同等重要的地区、地点需要指引，在受环境景观及设置位置限制时，高速公路的编号（名称）应作为平面交叉指路标志信息的一部分，如图 7.2.1-2。

2）国家高速公路入口预告标志可以被交道路与高速公路连接线平面交叉路口或减速车道起点为基准点，据此设置高速公路入口预告标志，在基准点位置处设置入口预告标志。被交道路为一级、二级公路或城市快速路时，应距基准点 500m、1km 和 2km 处预告三次，其他公路或城市道路可距基准点 200m、500m 处预告两次。

3）入口预告标志宜将高速公路距当前所在地最近处的 A 层信息（基准地区或重要地区名称）作为方向，并通过箭头来指示行驶方向。基准地区应与进入主线后设置的地点距离标志的第三个地名相同（临近基准地区时，与第二个或第一个地名相同）。两个不同方向的信息之间可进行分隔。沿线经过具有极高历史、文化和科学价值的

AAAAA、AAAA 旅游景区或大型民用机场等交通枢纽时，可以这些 A 层地点名称作为方向信息，并与进入主线后设置的地点距离标志的地名相对应。入口预告标志的地区或地点信息的数量不宜超过 2 个，不应超过 4 个。入口预告标志设置示例如图 7.2.1-3。

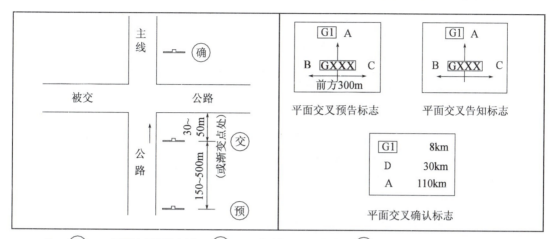

图 7.2.1-2　国家高速公路编号作为 A 层信息的平面交叉交通标志设置示例

图 7.2.1-3　入口预告标志示例

4）两条或以上国家高速公路有重合路段时，则入口预告标志应同时指出各条高速公路的编号，编号较小的高速公路排列在左（或上），编号较大的高速公路排列在右（或下），如图 7.2.1-4。如国家高速公路与省级高速公路有重合路段，在版面允许的条件下，可指出其他高速公路的编号（或名称），国家高速公路排列在左（或上），省级高速公路排列在右（或下）。

图 7.2.1-4　有重合路段的国家高速公路入口预告标志示例

5）在驶入国家高速公路的匝道分岔点处，应设置分别指向国家高速公路两个行驶方向的地点方向标志，版面内容应与入口预告标志和相应方向的地点距离标志的第三个或第二个地名相对应，地点信息可根据实际情况适当增加，如图7.2.1-5a）。如版面允许，在目的地信息之上，可增加前往国家高速公路的编号信息，如图7.2.1-5b）。

a) 地点、方向标志

b) 带编号标志的地点、方向标志

图7.2.1-5 设置于分岔口处的地点、方向标志示例

6）在互通式立体交叉的后基准点附近应设置国家高速公路命名编号标志，作为国家高速公路的入口标志，同时也作为其他高速公路驾驶人的行车确认标志。设置辅助车道时，可在其起点处增设。

根据路线总体走向，可采用方向标志指出前进方向的地理方位信息或目的地方向信息，如图7.2.1-6。

a) 单一路段　　　　b) 重合路段

图7.2.1-6 高速公路命名编号标志设置示例

2　行车确认标志的设置

1）互通式立体交叉间距大于或等于5km时，应设置地点距离标志。互通式立体交叉间距大于10km时，地点距离标志可重复设置，并保持地点信息的一致性。互通式立体交叉间距小于5km时，在不影响下一互通出口预告标志设置的条件下，可设置地点距离标志。

地点距离标志应优先选用地区名称信息，地区数量不宜超过三个，采用由近到远顺序的顺序排列：

①沿线距当前所在地最近处的A层信息（基准地区）作为远程目的地，排在第三行，并相对固定。如无基准地区，则应按表7.1.3所列顺序选取沿线距当前所在地最远

的其他 A 层信息（高速公路等的编号或重要地区）作为远程目的地，如 G18（荣乌高速）接近乌海方向的终点时，可选择 G6（京藏高速）作为远程目的地。

②第二行应选用除前方第一个互通外可到达的最近的 A 层信息（重要地区）作为中间远程目的地。如无重要地区，则按表 7.1.3 所列顺序进行选取其他 A 层信息或 B 层信息（主要地区）。接近基准地区时，则选用基准地区作为第二行信息。

③第一行应选用经由下一个互通式立体交叉可到达的目的地信息作为近程目的地。根据被交道路的等级按照表 7.2.1 的规定选取信息等级，然后根据第 7.1.3 条的规定确定信息的内容。一般情况下，宜优先选择沿线可到达的地区名称，并与出口预告及出口系列标志中的指路信息相一致，如图 7.2.1-7。

表 7.2.1　互通式立体交叉处标志信息要素选择参考表

标志所在位置	主线方向（即直行方向）	被交道路方向（即出口方向）		
		高速公路、普通国道、城市快速路	普通省道、城市主干路	县道、乡道、城市次干路和支路
高速公路	B 层 + A 层	A 层、(B 层)	(A 层)、B 层	(B 层)、C 层

注：1. 表中不带括号的信息为首选信息，带括号的信息适用于无首选信息，或根据需要作为第二个信息。
　　2. 接近首选信息所指示的目的地时，则该信息作为第一个信息。如需选取第二个，则仍按本表的顺序筛选。
　　3. 被交道路方向信息的选取应综合考虑互通式立体交叉的服务范围和出口交通流的流向和流量。如无法按照本表的规定选取必要的信息时，可降级选取信息。必要时，也可升级选取信息。

a) 地区名称作为目的地　　　b) 公路编号作为目的地

图 7.2.1-7　地点距离标志示例

2）地点距离标志应设置在高速公路互通式立体交叉的后基准点后 1km 以上、容易被驾驶人识别辨认的适当位置。如需设置第二个地点距离标志，其位置应距前一个地点距离标志 5km 左右。

3）进入国家高速公路主线后，如互通式立体交叉间距大于 30km，则应加密设置 1 处国家高速公路命名编号标志，作为高速公路驾驶人的行车确认标志。如两条国家高速公路有重合路段，则应同时设置两条高速公路的命名编号标志，编号较小的设置于上方，如图 7.2.1-6b）。如与其他高速公路有重合路段，可同时设置其他高速公路的命名编号标志（如入口预告标志已同时指出其他高速公路，则应同时设置其他高速公路的命名编号标志），国家高速公路的命名编号标志设置于上方。根据路线总体走向，可采用方向标志指出前进方向的地理方位信息或目的地方向信息，如图 7.2.1-6a）。

3 出口指引标志的设置

1）对于一般互通式立体交叉，在距互通式立体交叉的前基准点 2km、1km、500m 和 0km 处，应分别设置 2km、1km、500m 出口预告标志和出口预告（行动点）标志。因互通式立体交叉间距、桥梁、隧道或其他因素没有设置位置时，经严格论证可以取消 2km 出口预告标志，其他出口预告标志必须设置。出口预告系列标志版面可出现两行信息，根据相连接道路的等级，可按表 7.2.1 的规定进行选择。一般情况下，第一行应为出口可连接的公路编号（或名称）信息，如前进方向明确，则可指出其方向；第二行应为所连接道路的一至两个地区或地点名称信息：第一个信息应与地点距离标志的第一行信息相一致，第二个信息应为经由该出口可到达的其他同类信息。出口指引标志版面的排列如图 7.2.1-8，如被交道路无路线编号，则可仅设置两个目的地的名称。

图 7.2.1-8 出口预告系列标志示例

双向六车道及以上高速公路或交通转换较大的互通式立体交叉宜增设 3km 出口预告标志。

图 7.2.1-9 设置于中央分隔带的出口预告标志示例

大型车辆所占比例较大时，宜在距互通式立体交叉的前基准点出口 1km 及出口 500m 处的中央分隔带增加设置出口预告标志，如图 7.2.1-9。设置于中央分隔带的出口预告标志不得侵入公路建筑限界。该标志的地区或地点信息应为出口预告标志中的重要地区或地点名称信息。

出口预告系列标志需要适当移位时，宜选取易读数据。如与实际距离之差在 10% 以内，可采取四舍五入的方法表示。

枢纽互通式立体交叉出口预告系列标志的设置要求见本指南第 7.2.4 条。

2）互通式立体交叉间距大于 10km 时，可根据需要设置下一出口预告标志，如图 7.2.1-10a）。如设置该标志，应符合下列规定：

①该标志应设置在 500m 出口预告标志和 0km 出口预告标志下方，如图 7.2.1-10b）。

②该标志宜采用一行排列，如其长度大于出口预告标志时，可适当减小文字高度，或采用两行排列。

3）在距互通式立体交叉的前基准点 300m、200m、100m 处可根据实际需要设置出口 300m、200m、100m 出口预告标志，如图 7.2.1-11。

4）在高速公路驶出匝道的分流鼻端部适当位置应设置出口标志，其文字高度应不小于高速公路主线指路标志的文字高度，如图 7.2.1-12。该标志下方宜设置"两侧通行"的线形诱导标。

5）从高速公路驶出进入其他普通公路、城市道路时，应在行驶方向分叉点处设置地点方向标志，所表达的信息应与出口预告标志的版面信息相同并可适当增加，如图7.2.1-13。该标志可采用双柱或单悬臂支撑方式。

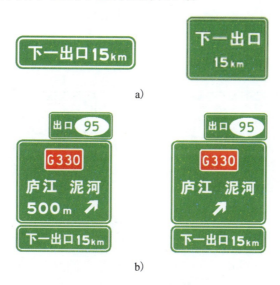

图 7.2.1-10　下一出口预告标志示例

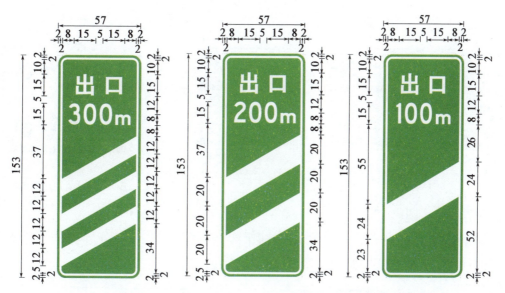

图 7.2.1-11　出口 300m、200m、100m 预告标志示例（尺寸单位：cm）

图 7.2.1-12　出口标志示例　　　　图 7.2.1-13　平面交叉处设置的地点、方向标志

7.2.2 沿线信息指引标志的设置应符合下列规定：

1 国家高速公路起点标志

国家高速公路的起点处可按本指南第 4.2.3 条的规定设置单悬臂型或门架型标志，也可采用图 7.2.2-1 的形式设置单柱型或单悬臂型标志。

2 国家高速公路终点标志

1）在国家高速公路的终点位置处应设置高速公路的终点标志，如图 7.2.2-2。

图 7.2.2-1　国家高速公路起点标志　　　　图 7.2.2-2　国家高速公路终点标志

2）距国家高速公路终点 500m 附近位置处宜设置终点预告标志，如图 7.2.2-3。预告距离根据需要可为 2km、1km、500m。国家高速公路终点处与普通公路相连接时，在距终点 200m 附近位置处可设置终点提示标志，用于提醒高速公路驾驶人减速慢行，如图 7.2.2-4。

图 7.2.2-3　终点预告标志　　　　　　　　图 7.2.2-4　终点提示标志

3 分界指引标志

1）国家高速公路在省、自治区、直辖市界应设置行政区划分界标志，行政区划分界标志应与行车方向垂直，如图 7.2.2-5。

图 7.2.2-5　行政区划分界标志

2）除下列条件外，行政区划分界标志应设置在实际分界线上，如图 7.2.2-6。

①实际分界线上不具备设置条件时，可在前后 30m 以内选定适当位置。

②实际分界线处为桥梁、隧道时，可在出口端适当位置设置。

4 著名地点指引

1）路径指引标志中出现的著名地点，如机场、港口等，应在适当位置设置相应的著名地点标志，以保持信息的连贯性。

2）著名地点可单独使用作为著名地点标志的信息，如国家高速公路沿线跨越河流、湖泊、海峡等长度1 000m以上的桥梁或长度500m以上的隧道，如图7.2.2-7。桥梁或隧道应指明名称，并标明其长度。

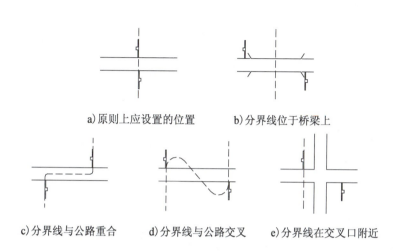

图7.2.2-6　分界标志的设置

图7.2.2-7　著名地点标志设置示例

3）著名地点指引标志设置在距其起点50～100m处的适当位置。

4）距互通式立体交叉前基准点2km的中央分隔带位置处，可设置互通式立体交叉名称标志。一般互通式立体交叉版面为"××互通"，枢纽型互通式立体交叉版面为"××枢纽"或"××立交"。当互通式立体交叉间距较近时，第二个互通式立体交叉名称标志可设置于两互通式立体交叉中间适当位置。条件允许时，附着在上跨桥上比较合理，如图7.2.2-8。

图7.2.2-8　互通式立体交叉名称标志设置示例

5　里程牌和百米牌

里程牌和百米牌应按本指南第4.3节的规定进行设置。

7.2.3　沿线设施指引标志和旅游区标志的设置应符合下列规定：

1　基本设置

高速公路沿线设施和旅游景区应按表7.2.3的规定设置相应的指引标志，其他未提及的沿线设施可参照设置。

表7.2.3 沿线设施指引标志和旅游区标志的设置

设施分类		指引标志类型	指引标志设置基准点
沿线设施	主线收费站	2km、1km、500m 收费站预告及收费站标志	收费广场渐变段起点
	匝道收费站	收费站标志	收费广场渐变段起点
	服务区	3km 处设置下两个或三个连续服务区、停车区预告标志[①]； 2km、1km、0km（前基准点）处服务区预告及服务区入口标志	服务区的前基准点（入口标志设置在出口分流鼻端部适当位置）
	停车区	3km 处设置下两个或三个连续服务区、停车区预告标志[①]； 1km、0km（前基准点）处停车区预告及停车区入口标志	停车区的前基准点（入口标志设置在出口分流鼻端部适当位置）
	停车场	1km、0km（前基准点）处停车场预告及停车场入口标志	停车场的前基准点（入口标志设置在出口分流鼻端部适当位置）
旅游景区	具有历史、文化和科学价值的 AAAAA、AAAA 旅游景区	2km、1km、减速车道起点处旅游区预告及出口标志	减速车道起点
	具有历史、文化和科学价值的 AAA 旅游景区[②]	1km、减速车道起点处旅游区预告及出口标志	减速车道起点

注：[①]当服务区、停车区之间的间距小于25km时，可不设置此标志。服务区、停车区系列标志的版面应根据提供服务的实际内容进行设置。
[②]视实际需要在不引起信息超载时可设置。

2 收费站标志的设置

主线和匝道收费站标志的版面应符合现行《道路交通标志和标线 第2部分：道路交通标志》（GB 5768.2）和《公路交通标志和标线设置规范》（JTG D82）的规定。需要提醒驾驶人减速慢行时，可在立柱上增加"慢行标志"，或在路面上设置减速标线。

3 服务区和停车区、停车场标志的设置

服务区和停车区、停车场标志的版面应符合现行《道路交通标志和标线 第2部分：道路交通标志》（GB 5768.2）和《公路交通标志和标线设置规范》（JTG D82）的规定。

4 旅游区标志的设置

1) 旅游景区知名度较高、对交通流的吸引量较大并具有历史、文化和科学价值时，可作为目的地名称使用，但当这些旅游景区位于城市内部时，在高速公路上的指路标志可仅出现城市名称即可。国家高速公路虽经过或穿越旅游景区，但车辆无法到达时，不宜设置相应的旅游区标志。

2）旅游景区的指引标志不得影响主要标志的设置。在此前提下，如沿线旅游景区较多时，可以最多三个为一组设置旅游景区地点距离标志，该标志与用于路径指引的地点距离标志间距应大于1km，如图7.2.3。

3）在不引起信息超载的前提下，指路标志版面中可出现旅游景区信息，否则对AAAA级及以上旅游景区可在距互通式立体交叉的前基准点1.5km处和前基准点处设置预告标志。

图7.2.3 旅游景区地点距离标志设置示例

4）除与互通式立体交叉合建外，沿线设施不应参与出口编号。

7.2.4 特殊情况下指路标志的设置应符合下列规定：

1 枢纽型互通式立体交叉指路标志

1）出口指引标志版面应重点提供高速公路之间的交通转换信息，使驾驶人能顺利进行不同高速公路之间的交通转换。在距枢纽型互通式立体交叉的前基准点3km、2km、1km、500m和0km处，应分别设置3km、2km、1km、500m出口预告标志和出口预告（行动点）标志。版面应出现两行信息：第一行应为出口可连接的高速公路的编号（或名称）信息，如前进方向明确，则应指出其方向；第二行应为所连接高速公路的一至两个地区或地点名称信息，沿线存在基准地区时，可选择距当前位置最近的一至两个基准地区的名称，如图7.2.4-1。枢纽型互通式立体交叉指路标志应避免信息过载。

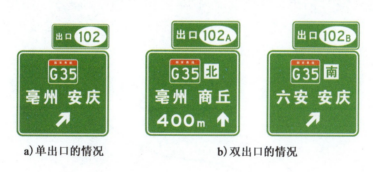

图7.2.4-1 主线出口预告标志及出口标志示例

2）在距枢纽型互通式立体交叉的前基准点500m和前基准点处，与出口预告标志一起，应同时设置直行车道的地点方向标志；前基准点3km、2km、1km处可设置直行车道的地点方向标志。该标志宜出现两个信息：第一个信息为下一出口可到达的高速公路或城市快速路、地区或地点信息，与被连接高速公路或城市快速路的等级相匹配；第二个信息为本高速公路前方能到达的最近的基准地区名称。

3）根据实际需要可设置出口预告图形化版面标志，图案应正确反应路线走向，清晰简洁，并符合本指南第3.5.2条的规定。

①主线相互分流的枢纽型互通式立体交叉，在距其前基准点3km、2km、1km、500m和0km处宜设置出口预告图形化版面标志，如图3.5.2 b）。分流点处应设置直行车道的地点方向标志和出口预告标志。

②匝道相互分流和双出口的枢纽型互通式立体交叉，宜在距其前基准点前1.5km处设置出口预告图形化版面标志，如图7.2.4-2a)、b)，该出口预告图形化版面标志不应替代其他出口预告系列标志。

a) 匝道分流　　　　　　　b) 双出口

图7.2.4-2　图形化标志设置示例

③当枢纽型互通式立体交叉的形式较为复杂时，一般不宜采用出口预告图形化版面标志；确需设置时，不应取代其他出口预告系列标志，图案信息可不采用完整互通式立体交叉几何布局形式，仅显示相对于主线的驶出方向。

枢纽型互通式立体交叉指路标志设置示例如附录E。

2　高密度路网的交通指引

1）位于高密度路网地区的高速公路，除应对直接到达的高速公路进行指引外，还应对间接到达的高速公路进行指引。

2）间接指引的范围宜限制在与直接到达的高速公路最近的1~2条高速公路或城市快速路，间接到达的地区或地点信息数量不宜超过2个。如图7.2.4-3，路C与路K相交时，路C进入路K的出口预告标志中除应包含相交高速公路的编号信息外，还宜给出与路C邻近的1~2条与路K相交的间接到达的高速公路或城市快速路信息。图中路A~E、K、L为高速公路或城市快速路。

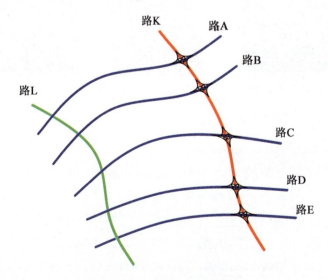

图7.2.4-3　高密度路网示例

3）间接到达的高速公路或城市快速路信息用虚边框表示，如图7.2.4-4。其含义如图7.2.4-5，该图中A~E为高速公路或城市快速路，BB、DD、KK为B、D、K高速公路的编号，标志中的"××"为直接到达或间接到达的高速公路的控制性信息。

图 7.2.4-4　间接指引信息的版面示例

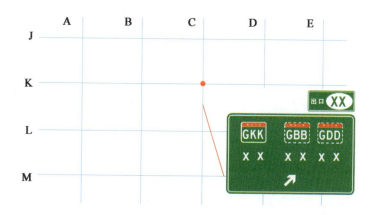

图 7.2.4-5　间接指引信息的版面应用示例

4）以广州绕城高速公路笔村枢纽型互通式立体交叉指路标志设计为例，如图 7.2.4-6。标志中"G1501"为直接到达的高速公路编号信息，"G4"、"S3"为间接到达的高速公路编号信息，"机场""深圳""番禺""蛇口"为直接到达或间接到达的高速公路的控制性地点信息。

图 7.2.4-6　间接指引交通标志设置示例

3　多路径高速公路的交通指引

1）多路径高速公路宜按路网结构进行交通指引，根据实际需求可采用最短路径的指引方式。

2）Ⅰ类多路径高速公路指路标志除预告 A 层公路编号（或名称）信息外，还应预告中间 A 层 "重要地区" 信息（没有此类信息时，可选取 B 层 "主要地区" 信息）及远程 A 层 "基准地区" 信息。远程信息宜采用其他 A 层信息（如 "飞机场" 等交通枢纽信息，或对应于城市绕城高速的 "城区重要地名" 等信息）加以区分。如图 7.2.4-7，从蚌埠去合肥，可通过 G3 直达合肥，亦可通过 S17 直达合肥，形成 I 类多路径高速公路。

图 7.2.4-7 I 类多路径高速公路交通标志设置示例

3）Ⅱ类多路径高速公路指路标志除预告 A 层公路编号（或名称）信息外，还应预告中间 A 层"重要地区"信息（没有此类信息时，可选取 B 层"主要地区"信息）及远程 A 层"基准地区"信息。能到达城市绕城高速的路线，远程信息宜采用"××城区"或其他 A 层信息（对应于城市绕城高速的"城区重要地名"等信息）；到达该城市其他地区的路线，远程信息宜采用其他 A 层信息（如卫星城镇、"高铁站"、"飞机场"等交通枢纽，或 AAAA 及以上旅游区等）。

4）Ⅲ类多路径高速公路指路标志预告时应采取就近原则，图 4.7.3 Ⅲ类中的路 B 及路 C 相交枢纽以下路段上行右转预告城市名称，直行预告路 A 信息；路 A 及路 C 相交枢纽以上路段左转预告城市名称，直行预告路 B 信息。

5）Ⅳ类多路径高速公路指路标志的设置应采取就近原则，图 4.7.3 Ⅳ类中的路 B 及路 C 相交枢纽以下路段上行右转预告城市名称，可标明"××城区"，直行预告路 A 信息；路 A 及路 C 相交枢纽以上路段左转预告城市名称，远程信息宜采用其他 A 层信息（如卫星城镇、"高铁站"、"飞机场"等交通枢纽，或 AAAA 及以上旅游景区等），直行预告路 B 信息。

6）多路径高速公路指路标志宜采用门架式结构。

4 高速公路重合路段指路标志的设置

1）高速公路重合路段交通标志的设置应告知驾驶人所在路段为重合路段，并满足各重合高速公路驾驶人的指路需求。

2）高速公路重合路段路径指引标志应符合本指南第 7.2.1 条的规定，其中：

①重合路段存在相同的远程"基准地区"信息时，地点距离标志的设置同一般高速公路；重合路段不存在相同的远程"基准地区"信息时，地点距离标志应包含各重合高速公路的编号信息及其控制性信息，如图 7.2.4-8。

②高速公路重合路段分离点的出口预告系列标志宜采用图形化标志，结构宜采用门架式结构，如图 7.2.4-9。

 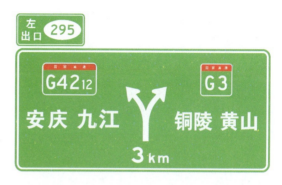

图 7.2.4-8　重合路段地点距离标志设置示例　　图 7.2.4-9　分叉点处的图形化标志

3）高速公路重合路段沿线信息指引标志的设置应符合本指南第 7.2.2 条的规定，其中在重合路段起点和终点宜增加重合路段起、终点标志，如图 7.2.4-10。

图 7.2.4-10　重合路段起点、终点标志

4）高速公路重合路段沿线设施和旅游景区指引标志的设置应符合本指南第 7.2.3 条的规定，其中在重合路段分离点附近宜根据需要设置服务区、停车区预告标志。

5　城市绕城高速公路指路标志的设置

1）城市绕城高速公路交通标志的设置，应充分考虑绕城高速公路所在区域的路网条件及绕城高速公路的功能和定位；充分考虑城市的人文、地理、历史等因素；应充分考虑过境需求、城市组团间的交通需求及出入城区需求，并应加强对大型交通枢纽如机场等的指引；应对绕城高速公路的控制性信息、互通式立体交叉出口信息、城区重要地点信息、大型交通枢纽信息、放射线信息等进行统一梳理。

2）城市绕城高速公路路径指引标志的设置应符合本指南第 7.2.1 条的规定，其中：

①入口指引预告标志的信息宜包含相邻的高速公路或城市快速路路线编号及其连接的城区重要地点信息及大型交通枢纽信息。

②行车确认系列标志的设置应满足下列要求：

a. 地点距离标志的信息以绕城高速公路控制性信息及被交高速公路或城市快速路

信息为主。

　　b. 对于被交高速公路或城市快速路较多的绕城高速公路，可增加高速公路路线编号距离标志，该标志从上至下第一行为前方出口所能到达的高速公路编号信息，第二行和第三行为距离最近的两条高速公路或城市快速路信息。

　　c. 命名编号标志下方应附着辅助标志标明前行方向信息。

　　d. 城市绕城高速公路与其他高速公路的重合路段命名编号标志应包含每条重合高速公路的编号信息，标志排列以绕城高速公路编号标志在上，其他高速公路编号标志在下的方式。

　　③出口指引标志的设置应满足下列要求：

　　a. 城市绕城高速公路上一般互通式立体交叉出口预告标志信息应包含所连接道路的编号信息及互通式立体交叉服务范围内城区重要地点信息。

　　b. 城市绕城高速公路上枢纽型互通式立体交叉出口预告标志信息应包含被交高速公路或城市快速路的编号信息及沿线可到达的控制性信息。

　　c. 城市绕城高速公路的信息宜兼顾城市内、外信息需求，普通城市道路应采用蓝底、白字、白边框。

　　3）城市绕城高速公路指路标志设置时，应注意：

　　①绕城高速公路指路标志的设置，宜以绕城高速公路为主，保证绕城高速公路的整体性，当绕城高速公路与其他高速公路或城市快速路重合路段较多时，可将部分重合路段编号另行单独设置。

　　②绕城高速公路交通标志的设置应分析被交高速公路或城市快速路的服务范围，合理确定其指路标志信息。当相邻省份的 A 层"基准地区"信息较近时，宜加以预告。但是如果同一条被交高速公路可到达多个相邻省份的"基准地区"时，宜以距当前高速公路最近的"基准地区"信息为主。

　　6　多个互通式立体交叉服务于同一城市时交通标志的设置

　　1）国家高速公路穿越城市时，往往设置多个互通式立体交叉服务于该城市。还有一些国家高速公路的起、终点位于北京、上海等大城市境内，在该城市范围内，也将存在多个互通式立体交叉。上述情况均应按多个互通式立体交叉服务于同一个城市的情况来设置交通标志。

　　2）在进入××城区（市区）的互通式立体交叉之前的地点距离标志变更为"城区（市区）出口组预告标志"，可按本指南表 7.2.1 和表 7.1.3 的规定选取距各互通式立体交叉最近的出口信息为该标志的版面内容，并作为各互通式立体交叉出口预告标志的主要版面内容。如：

　　①对于城市分区广为人知的，在城市以外预告时采用城市加分区的形式，如"广州（天河）"、"广州（海珠）"，"深圳（宝安）"、"深圳（龙岗）"，在城市以内只采用分区，如天河、海珠、宝安、龙岗。

　　②对于城市有带方位收费站的，按带方位的收费站名标识，如"兴宁东"、"兴宁西"。

③其他可采用地名加带括号的方位信息,如"横琴(东)"、"横琴(西)"或增加带括号的路名信息进行区分,如"石家庄(裕华路)"、"石家庄(新华路)"。

图 7.2.4-11 为多个互通式立体交叉服务于同一城市时交通标志的设置示例。

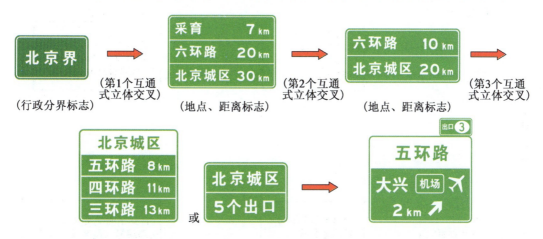

图 7.2.4-11　多个互通式立体交叉服务于同一城市时交通标志的设置示例

3)相邻互通式立体交叉间距大于 10km 时,城区(市区)出口组预告标志可重复设置,其间隔应为 5km 左右。

4)服务于同一城市的互通式立体交叉数量多于 3 个时,可将"城区(市区)出口组预告标志"改为"城区(市区)连续出口标志",版面内容可分为两行,分别表示城市名称和出口数量。

7　高速公路与普通城市道路和交通枢纽的衔接指引

1)高速公路与普通城市道路相交或连接交通枢纽时,应加强对普通城市道路编号(或名称)或交通枢纽的指引。

2)普通城市道路有道路编号时,高速公路出口指引标志应预告城市道路编号及沿线可到达的地区或地点等信息。否则,高速公路出口指引标志应预告城市道路名称及沿线可到达的地区或地点等信息,其版面如图 4.11.1 所示。

3)高速公路连接机场、高铁站、港口等交通枢纽时,其标识图案应符合现行《道路交通标志和标线》(GB 5768)的规定,其中高铁站的标识与火车站的标识保持一致;标识高度应为汉字高度的 1~1.5 倍。

4)高速公路上机场、高铁站、港口等交通枢纽的出口指引标志应包含机场、高铁站、港口等名称的简称及相应的标识。大型车比例较高的路段,标志结构宜采用门架式结构或悬臂式结构。

7.3　新建普通国道交通标志的设置

7.3.1　路径指引标志的设置应符合下列规定:

1　路径指引标志设置流程如图 7.3.1-1。

2　在公路与公路平面交叉处,应遵循"路权清晰、渠化合理、导向明确、安全有序"的原则综合设置交通标志，根据相交公路的技术等级，按照表 7.3.1-1 的规定，设置相应的指路标志，其设置位置如图 7.3.1-2。封闭的一级公路立体交叉处标志的设置参照高速公路相关要求。

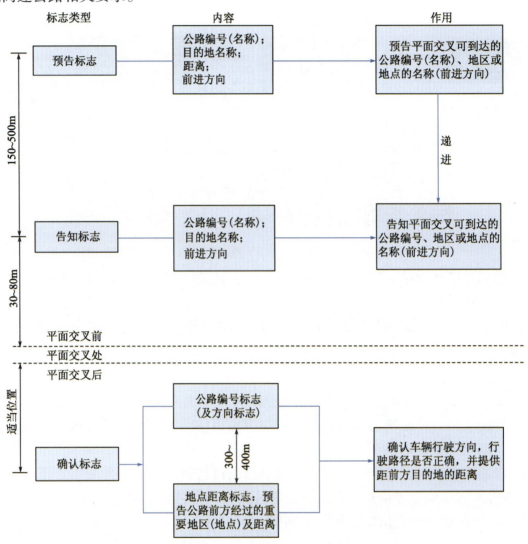

图 7.3.1-1 路径指引标志设置流程

表 7.3.1-1 普通国道路径指引标志的设置

主线公路	被交公路			
	一级公路	二级公路	三级公路	四级公路
一级公路	预 告 确	预 告 确	预 告 确	告
二级公路	预 告 确	预 告 确	预 告 确	告
三级公路	预 告 确	预 告 确	预 告 确	告
四级公路	告	告	告	告

注：预——平面交叉预告标志；
　　告——平面交叉告知标志；
　　确——确认标志；
　　○——应设置的交通标志；
　　◌——在综合分析公路的技术等级、设计速度、交通量及车型构成等因素的基础上，根据需要可设置的交通标志。

3 平面交叉预告标志

1）平面交叉预告标志应指明该平面交叉可到达的公路编号（名称）、地区或地点等的名称及由当前位置至该平面交叉的距离。路线总体走向为东、西、南或北向的顺直路段部分可在标志板的左上角（版面受限制时可在右上角）指明方向信息。同一方向的目的地信息不应超过两个，各个方向目的地信息数量之和不宜超过6个。如信息数量过多，应结合路网情况进行选取，如图7.3.1-3。当公路位于城镇路段不能在主标志板中给出公路编号时，可将公路编号标志附着于标志立柱上。

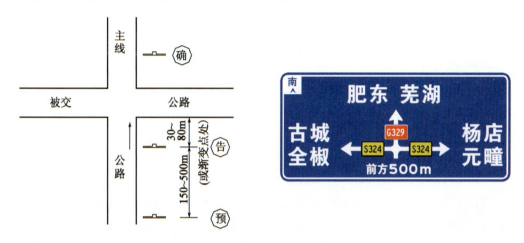

图7.3.1-2 平面交叉交通标志设置示例　　　图7.3.1-3 平面交叉预告标志示例

2）宜通过图案体现该平面交叉的形状，大型平面交叉可在图案的下方指出该平面交叉的名称，其文字高度可适当降低，取0.5～0.7倍字高，并不宜小于20cm。

3）平面交叉处无路线重合时，如目的地信息数量总数小于或等于4个，可通过指示方向的箭头杆标识公路路线的编号（名称），其文字高度可适当降低，取0.5～0.7倍字高，但汉字高度不宜小于20cm，字母标识符和阿拉伯数字高度不宜小于15cm，公路编号标志的总高度不宜小于同一指路标志的汉字字高；如目的地信息数量总数大于4个，可在平面交叉预告标志之前的适当位置设置公路编号（名称）标志，路线总体走向为东、西、南或北向的顺直路段部分可在公路编号标志的上方设置方向标志。平面交叉处有多条路线重合时，公路编号（名称）标志均应单独设置，各条公路的编号（名称）标志应全部列出，平面交叉预告标志指示方向的箭头杆不再标识公路路线的编号（名称），方向标志根据所在位置的路线走向设置。

4）平面交叉预告标志版面信息应根据相交公路的行政等级和服务区域，在对交通流的流向和流量加以综合分析的基础上按表7.3.1-2选取，并符合下列规定：

①同一方向有同层多类信息时，应按由上至下的顺序对表7.1.3的信息类型加以选择。公路编号信息宜与同级地区名称并用。专用公路应根据其服务对象选取对应的信息类型。

②同一方向有同层同类多个信息时，应按由近到远的顺序加以选择。当有多个C层信息时，应综合考虑交通吸引量、经济发展水平等因素选取相对更为重要的信息。

③位于国、省道上的标志所选取的信息应与交通地图的信息相呼应，县、乡道上的

标志所选取的信息宜与交通地图的信息相呼应。

④当无法按表 7.3.1-2 的规定选取必要的信息时，可降级选取信息。必要时，也可升级选取信息。

表 7.3.1-2　平面交叉预告、告知标志信息要素选择参考表

公路行政等级	标志所在位置			
	主线方向	支线方向		
		国道	省道	县、乡道
国道	A 层、B 层	A 层、B 层	(A 层)、B 层、(C 层)	(B 层)、C 层
省道	(A 层)、B 层、(C 层)	A 层、B 层	(A 层)、B 层、(C 层)	(B 层)、C 层
县、乡道	(B 层)、C 层	A 层、B 层	(A 层)、B 层、(C 层)	(B 层)、C 层

注：1. 表中不带括号的信息为首选信息，带括号的信息适用于无首选信息时，或根据需要作为第二个信息。
　　2. 接近首选信息所指示的地点时，则该信息作为第一个信息。如需选取第二个，则仍按本表的顺序筛选。

⑤同一方向选取两个地名时，宜按由近到远采用同一行内由左到右或在两行内由上到下的顺序排列。在条件允许时，远程信息宜选取前方的基准地区。

5）设计速度大于或等于 80km/h 的公路平面交叉预告标志应设置在距平面交叉告知标志 300～500m 处，其他公路应设置在距平面交叉告知标志 150～300m 处。

4　平面交叉告知标志

1）平面交叉告知标志指明的公路编号（名称）、地区或地点等的名称和方向信息应与平面交叉预告标志相同，如图 7.3.1-4。大型平面交叉可在图案的下方指出该平面交叉的名称，其文字高度可适当降低，取 0.5～0.7 倍字高，并不宜小于 20cm。

2）在根据表 7.3.1-2 的规定无须设置确认标志的情况下，可指出到达目的地沿相关公路需行驶的距离。

3）在指示方向的箭头杆上是否标识公路的编号（名称）信息，处理方法同平面交叉预告标志。

4）设置有减速车道的公路平面交叉告知标志应设置于减速车道起点处，其他公路的平面交叉告知标志应设置于距平面交叉 30～80m 处。

图 7.3.1-4　平面交叉告知标志示例

5　确认标志

1）确认标志包括地点距离标志、公路编号标志等。

2）普通国道的地点距离标志应设置在平面交叉的公路入口后 300～400m 或两个平面交叉中间的适当位置。两个平面交叉间距短于 2km 时，可不设置地点距离标志。两个平面交叉间距大于 10km 时，可适当增设，并保持地点信息的关联性。普通国道的地点距离标志，宜采用三行排列，版面信息的选取应符合下列规定：

①第一行的地点为近程目的地，应在沿线的 A 层、B 层（C 层）信息中选取距当前所在地最近的信息。一般情况下，宜优先选择沿线可到达的地区名称。

②第三行的地点为远程目的地，同时作为指示路线总体前进方向的基准地区，在一

定距离内保持相对固定。沿线存在直辖市、省会、自治区首府等 A 层信息时，应以距当前所在地最近的上述地区名称作为基准地区。临近基准地区时，再按照上述原则选取下一个 A 层信息作为新的基准地区。沿线不存在上述基准地区时，应按表 7.1.3 的顺序选取沿线距当前所在地最远的其他 A 层信息（高速公路、国道编号或其他重要地区）作为远程目的地。

③第二行的地点为中间远程目的地，宜选取上述两个目的地之间的最近的其他 A 层、B 层信息（重要地区）。如无重要地区，则可按表 7.1.3 的顺序选取其他 A 层信息或 B 层信息（主要地区）。接近基准地区时，则选用基准地区作为第二行的地点。

3）公路编号标志可独立设置在平面交叉的公路入口后 30～50m 的位置。两个平面交叉间距大于 10km 时，可适当增设。路线总体走向为东、西、南或北向的顺直路段部分可在公路编号标志的上方设置方向标志。公路编号标志的下方可设置"××方向"或现在地名称等信息，如图 7.3.1-5。条件允许时，公路编号标志可按下列方法和地点距离标志合并设置：

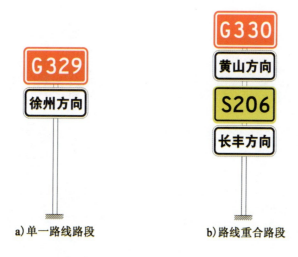

图 7.3.1-5　公路编号标志设置示例

①地点距离标志版面的左侧设置带有公路编号的指示箭头。路线总体走向为东、西、南或北向的顺直路段部分，可在箭头的上方设置地理方位信息。

②公路编号标志附着在地点距离标志的立柱结构上。路线总体走向为东、西、南或北向的顺直路段部分，可在公路编号标志的上方设置方向标志。

③路线重合时，公路编号（名称）标志应全部列出。

7.3.2　沿线信息指引标志的设置应符合下列规定：

1　在公路沿线经过的市、县、镇、村的边缘处，可视需要设置地名标志，其中村名标志可附设在村庄警告标志下，如图 7.3.2-1。

2　路径指引标志中出现的著名地点，应在适当位置设置相应的著名地点标志；公路沿线跨越河流、湖泊、海峡等长度大于 1 000m 的桥梁，长度大于 500m 的隧道，大型枢纽型互通式立体交叉等交通设施可独立设置著名地点标志；著名地点标志可根据需要设置表示公共设施或旅游设施的象征性标记，如图 7.3.2-2；著名地点标志设置在距其起点 50～100m 处的适当位置。

图 7.3.2-1 村庄标志示例

图 7.3.2-2 著名地点标志示例

3 根据公路的行政等级，可按照表 7.3.2 的规定设置相应的行政区划分界标志。

表 7.3.2 行政区划分界标志的设置

主线公路	行政分界			
	省、直辖市、自治区界	省会、自治区首府、副省级城市、地级市界	县及县级市界	乡、镇界
国道	○	○	—	—
省道	○	○	○	—
县道和乡道	—	—	○	○

注：○——应设置的交通标志；
　　◯——根据需要可设置的交通标志。

7.3.3 沿线设施指引标志和旅游区标志的设置应符合下列规定：

1 公路沿线设施和旅游景区应按表 7.3.3 的规定设置相应的指引标志，其他等级公路出现相关设施时，可参照设置。

图 7.3.3 普通国道三个连续服务设施预告标志示例

2 公路沿线设施应以版面易于被公路使用者识别、理解为前提进行版面设计。普通国道上设置的服务区、停车区、停车场、加油站等设施，其设置标准应满足现行《公路交通标志和标线设置规范》（JTG D82）的有关规定，如图 7.3.3。

3 旅游区标志的设置范围可根据旅游景区的辐射区域确定。旅游景区的中文名称超过 8 个字时宜采用简称。在不引起信息超载的前提下，沿线旅游区信息可作为指路标志的一个信息，如图 3.5.5b）；独立设置的旅游区标志如图 3.5.5a）。旅游区标志的设置不得遮挡或影响其他交通标志，如旅游景区比较集中，可设置旅游区地点距离标志。

表 7.3.3 沿线设施指引标志和旅游区标志的设置

设施分类		公路分级		交通标志设置基准点
		一级、二级公路作为干线公路时	一级、二级公路作为集散公路时	
沿线设施	服务区	3km 处可设置下两个或三个连续服务区、停车区预告标志①；2km、1km、减速车道起点处服务区预告及入口标志	—②	服务区出口减速车道起点（入口标志设置在出口分流鼻端部适当位置）
	停车区、停车场	1km、减速车道起点处设施预告及入口标志	—②	设施出口减速车道起点（入口标志设置在出口分流鼻端部适当位置）
	加油站、公共厕所、客运汽车停靠站	—②	500m 预告、减速车道起点处设施预告标志	设施出口减速车道起点
	观景台	500m 预告、减速车道起点处设施预告标志	出口标志	观景台出口减速车道起点③
	应急避难设施（场所）	应急避难设施（场所）预告及指引标志	应急避难设施（场所）指引标志	疏散通道及其他应急避难设施附近
	休息区	500m、减速车道起点处设施预告标志	减速车道起点处设施预告标志	设施出口减速车道起点
	主线收费站	1km、500m 收费站预告及收费站标志	500m 收费站预告及收费站标志	收费广场渐变段起点
	匝道收费站	收费站标志	收费站标志	收费广场渐变段起点
旅游景区	AAAAA、AAAA、AAA 旅游景区	2km、1km、减速车道起点处旅游区预告	1km、减速车道起点处旅游区预告	减速车道起点
	AA、A 旅游景区④	减速车道起点处旅游区预告标志	减速车道起点处旅游区预告标志	减速车道起点

注：①当服务区、停车区之间的间距小于 25km 时，可不设置此标志。服务区、停车区系列标志的版面应根据提供服务的实际内容进行设置。
②无此设施可设置辅助标志指示距前方错车道的距离。
③表中部分设施未设置减速车道的，则"出口减速车道起点处"的位置改为距出口 100～200m 处。
④视实际需要在不引起信息超载时可设置。

7.3.4 特殊情况下指路标志的设置应符合下列规定：

1 普通国道互通式立体交叉交通标志的设置

1) 除版面颜色外，一级公路互通式立体交叉范围内的指路标志可参照本指南第 7.2 节的规定进行设置。

2) 二级及以下等级公路互通式立体交叉的预告及告知标志可选用图形化标志。

2 重合路段交通标志的设置

1) 重合路段指路标志设置时，应给出重合公路的编号信息，编号信息按行政等级由高到低、数字由小到大的顺序由上至下排列。

2）重合路段公路编号（名称）标志宜单独设置，各条公路的编号（名称）标志应全部列出。

3 普通公路与高速公路、城市道路和交通枢纽的衔接指引

1）高速公路入口预告标志设置参见本指南第7.2节。

2）非独立设置的高速公路入口指引标志还应满足下列要求：

①应综合考虑地区经济发展水平、沿线土地开发程度、路网密度、主要交通流向、公路或城市道路技术等级以及交通管理需求等因素，在确定主要指引路线的基础上设置，具体设置范围可按照本指南第7.2节的规定根据地区实际需求进行适当调整。

②应包含高速公路编号信息，基本版面形式如图7.3.4-1所示。

3）普通公路与高速公路平行时，可根据需要在第一处独立设置的高速公路入口预告标志前（如2km入口预告标志前）适当位置预告前方1~3个入口的信息，基本版面形式如图7.3.4-2所示，入口信息可选取互通式立体交叉（或收费站）名称。

图7.3.4-1 非独立设置的入口预告标志设置示例　　图7.3.4-2 前方入口信息预告标志示例

4）普通国道与城市道路相连接时，应符合下列规定：

①普通国道绕城或穿城时，国道编号信息应保持连续，指路标志信息选取时应兼顾城市道路信息和公路信息。为保证编号连续，可增设路线编号标志，并用辅助标志给出路线走向。

②普通国道进入城市前适当位置，宜设置辅助标志，辅助标志信息可为"县城路段"、"城镇路段"或"城市路段"，如图7.3.4-3。

5）普通国道对机场、高铁站、港口等进行指引时，应给出相应交通方式的符号信息；省会或副省级城市的机场、高铁站等可从10km处开始进行指引；其余城市的机场、高铁站可从3~5km处开始进行指引。根据实际需求其指引范围可适当扩大，如图7.3.4-4。

图7.3.4-3 城镇路段告示标志示例　　图7.3.4-4 对机场的指引示例

8 工程质量检验和验收

8.1 一般规定

8.1.1 公路交通标志调整工程所采用的标志板、反光膜、支撑结构、混凝土基础等材料应经过有资质的检测机构检测，取得合格证，并经监理检验确认满足设计要求后才能使用。

8.1.2 钢结构构件必须进行防腐处理。

8.2 基本要求

8.2.1 交通标志的制作应符合本指南和现行《道路交通标志板及支撑件》（GB/T 23827）的规定。

8.2.2 交通标志在运输、安装过程中不应损坏标志面及金属构件的镀层。

8.2.3 交通标志的设置位置、数量及安装角度应符合设计要求。

8.2.4 大型交通标志的地基承载力应符合设计要求。大型标志柱、梁的焊接部件应符合钢结构焊接规范的质量要求，无裂缝、未熔合、夹渣等缺陷。

8.2.5 标志面应平整完好，无起皱、开裂、缺陷或凹凸变形，标志面任一处面积 500mm×500mm 表面上，不得存在总面积大于 $10mm^2$ 的一个或一个以上气泡。

8.2.6 反光膜应尽可能减少拼接，任何标志的字符不得拼接，当标志板的长度或宽度、圆形标志的直径小于反光膜产品的最大宽度时，底膜不应有拼接缝。当粘贴反光膜不可避免出现接缝时，应按反光膜产品的最大宽度进行拼接。

8.3 外观检验

8.3.1 标志板安装后应平整，夜间在车灯照射下，底色和字符应清晰明亮、颜色均匀，不应出现明暗不均和影响认读的现象。

8.3.2 在粘贴底膜时，横向不宜有拼接，竖向拼接时，上膜须压接下膜，压接宽度不应小于5mm。当采用平接时，其间隙不应超过1mm。距标志板边缘50mm之内，不得有接缝。

8.3.3 标志金属构件镀层应均匀、颜色一致，不允许有流挂、滴瘤或多余结块，镀件表面应无漏镀、露铁等缺陷。

8.4 具体检查项目及技术指标

8.4.1 具体检查项目及检查方法、频率和允许偏差等应符合现行《公路工程质量检验评定标准　第一册　土建工程》（JTG F80/1）的规定。

附录 A 交通标志专用字体示例

交通标志专用字体共分为 A、B 和 C 三种类型，可在交通运输部政府网站 www.mot.gov.cn "公路局"栏下载。

A.1 A 型交通标志专用字体

A.1.1 A 型交通标志专用字体为原《国家高速公路网相关标志更换工作实施技术指南》（交通部 2007 年第 30 号公告）中的字体，共包括 6763 个汉字、26 个英文字母、10 个阿拉伯数字和 18 个符号。

A.1.2 汉字字体示例如下：

北京　上海　合肥　南京

蚌埠　机场　京台高速

金寨路　服务区　停车区

A.1.3 英文和阿拉伯数字字体形式和规格如下：

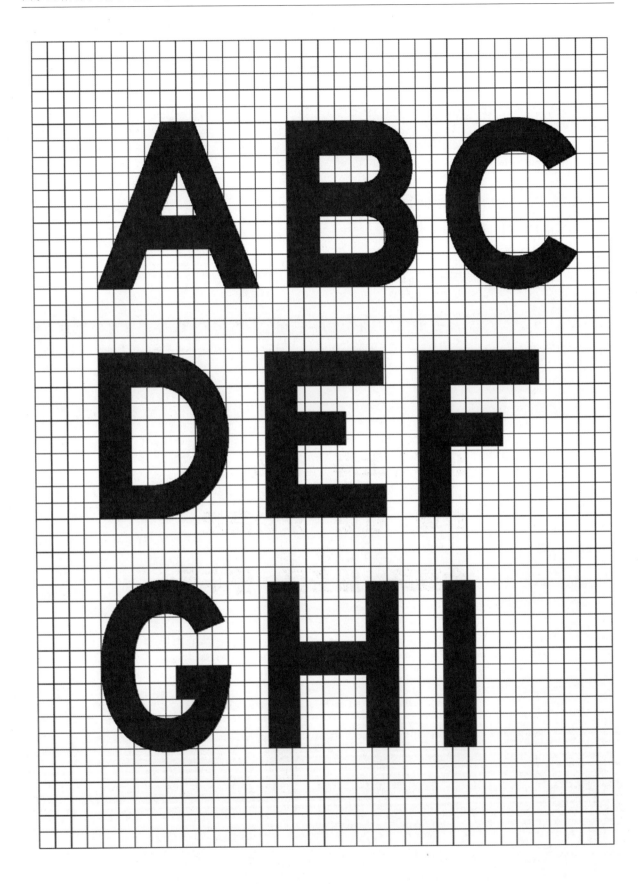

交通标志专用字体示例

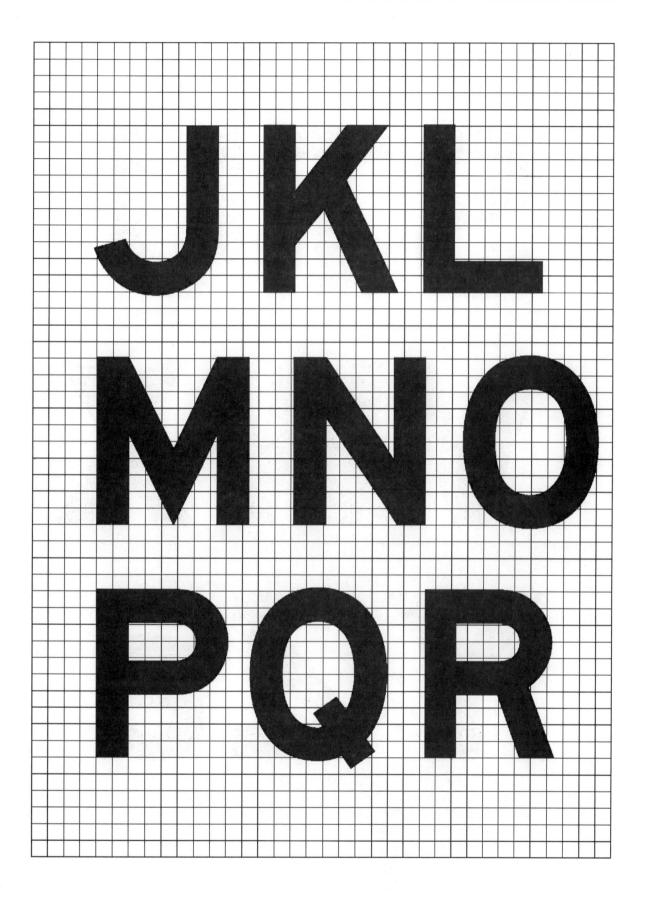

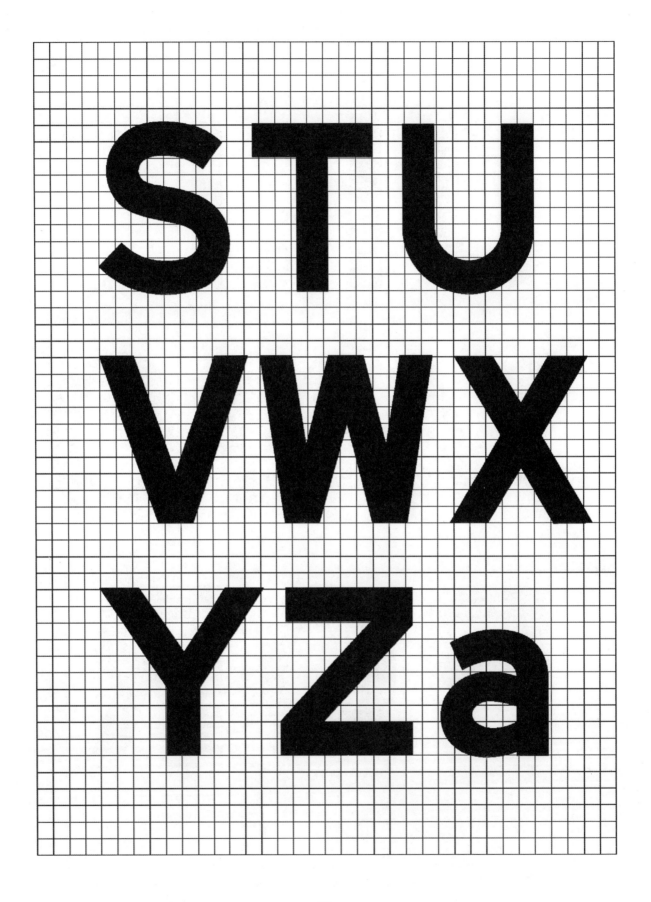

交通标志专用字体示例

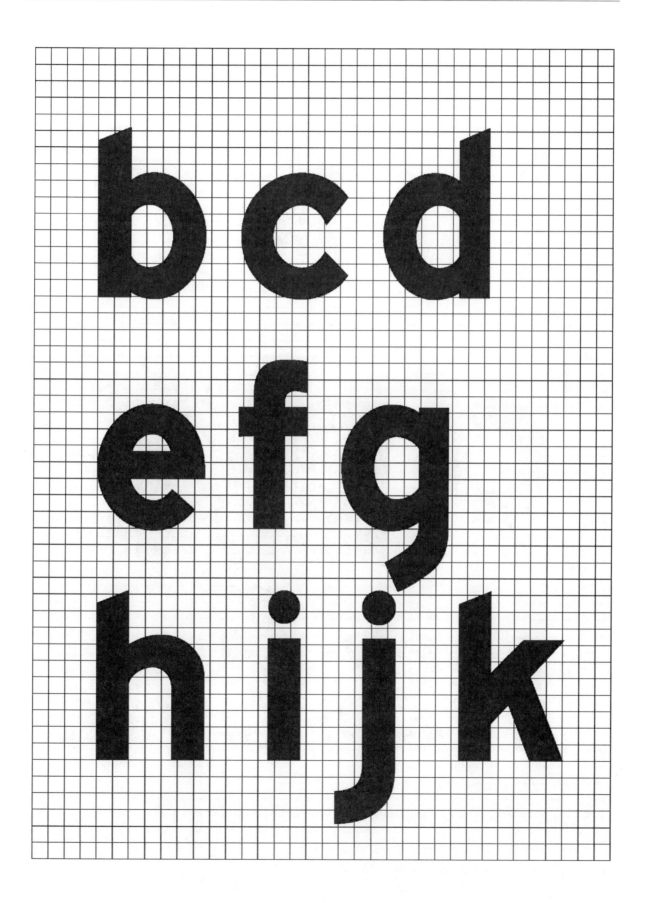

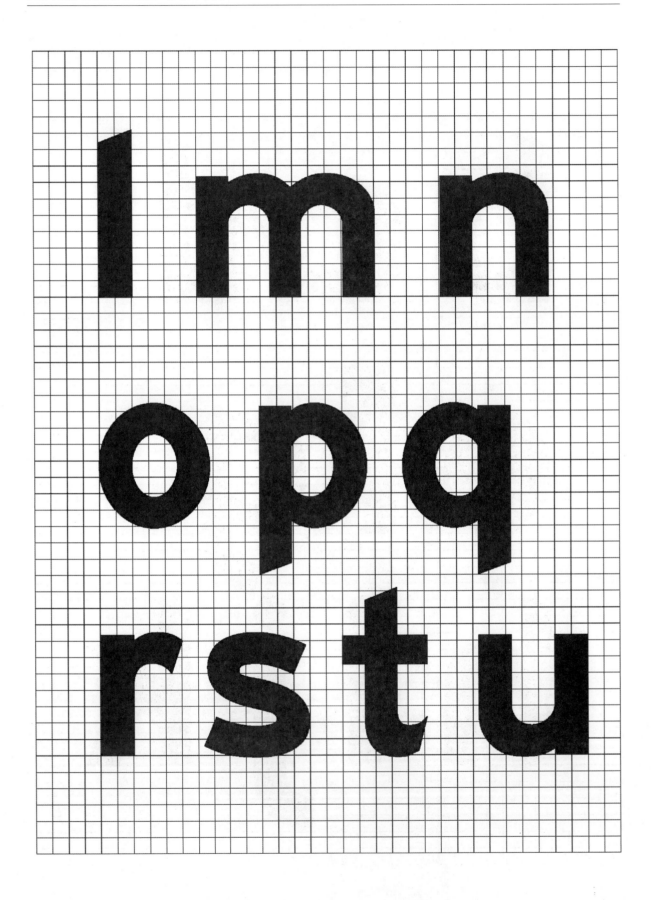

交通标志专用字体示例

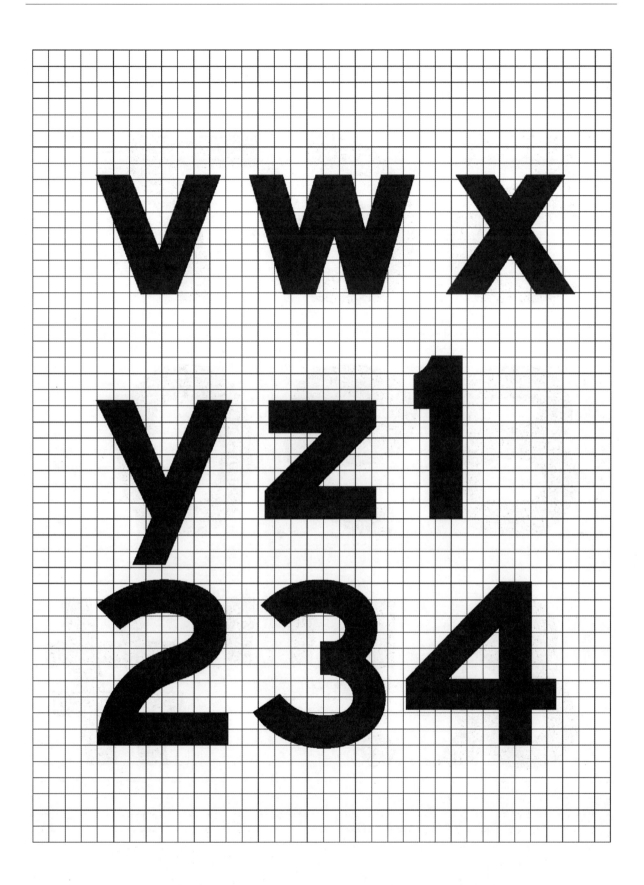

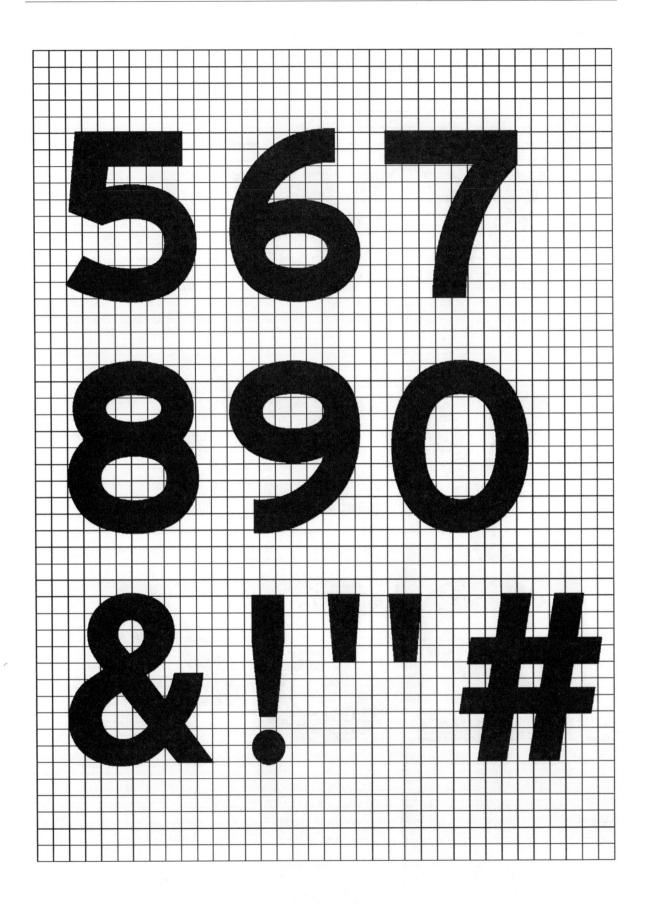

A.2　B 型交通标志专用字体

A.2.1　B 型交通标志专用字体为新增加的字体，共 26 个英文字母、10 个阿拉伯数字和 18 个符号，字体形式和规格如下：

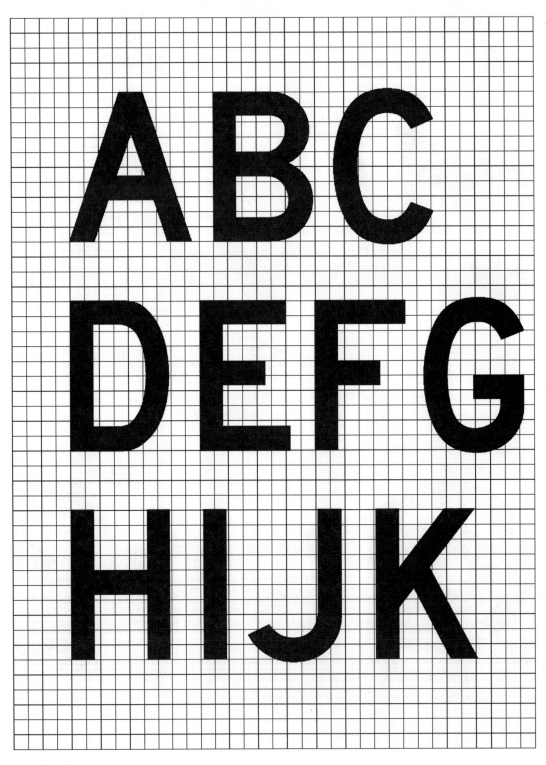

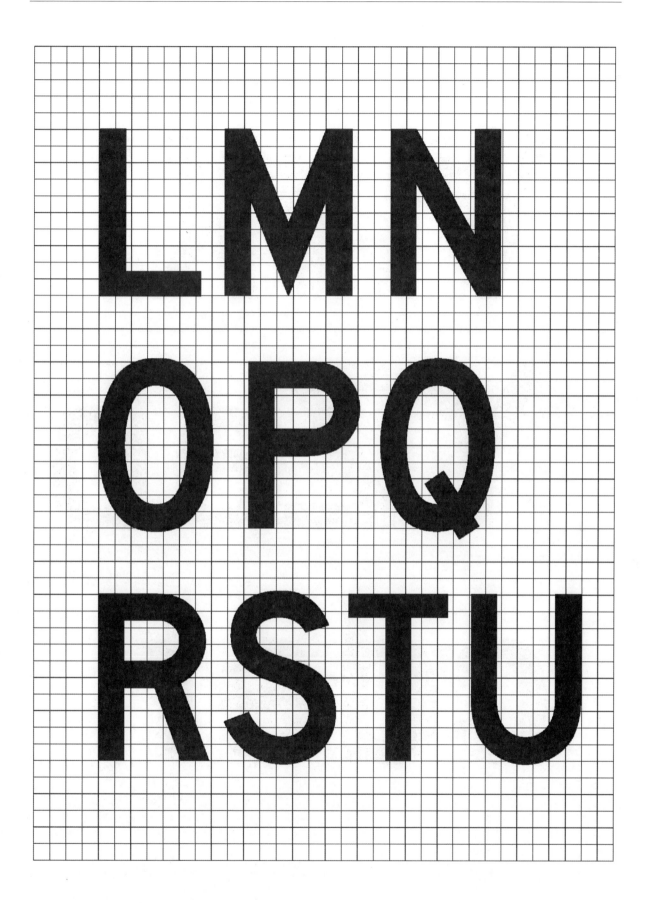

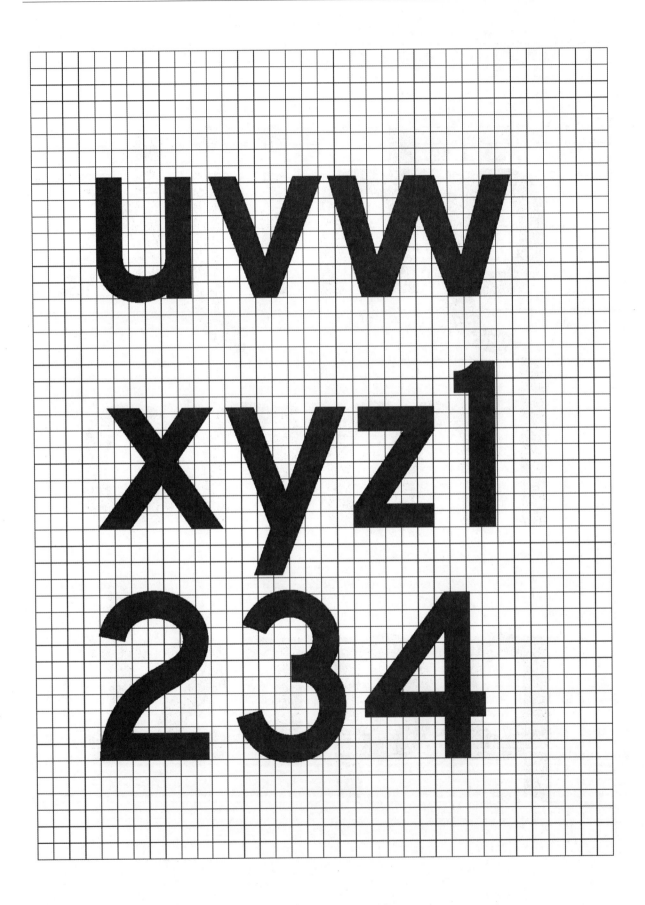

交通标志专用字体示例

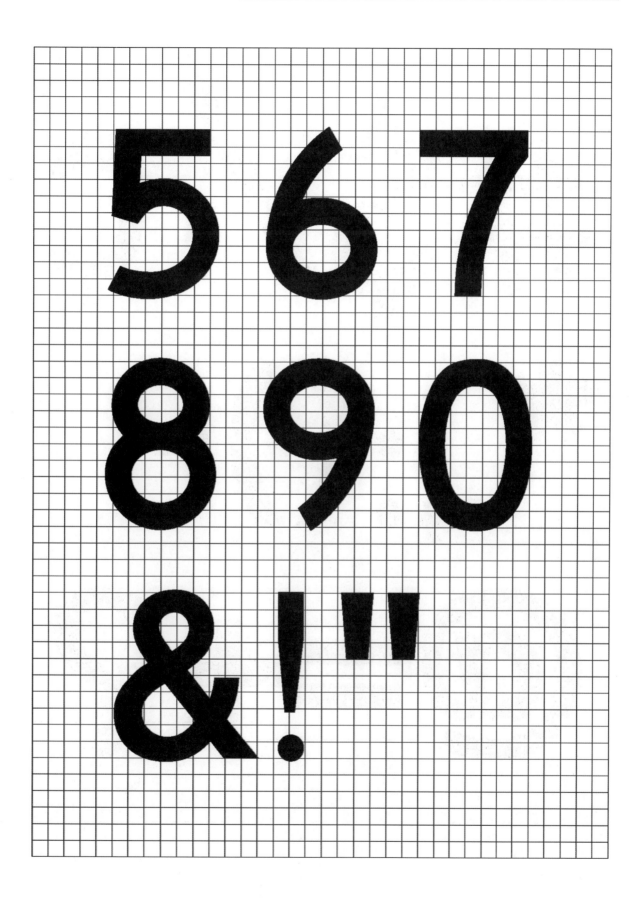

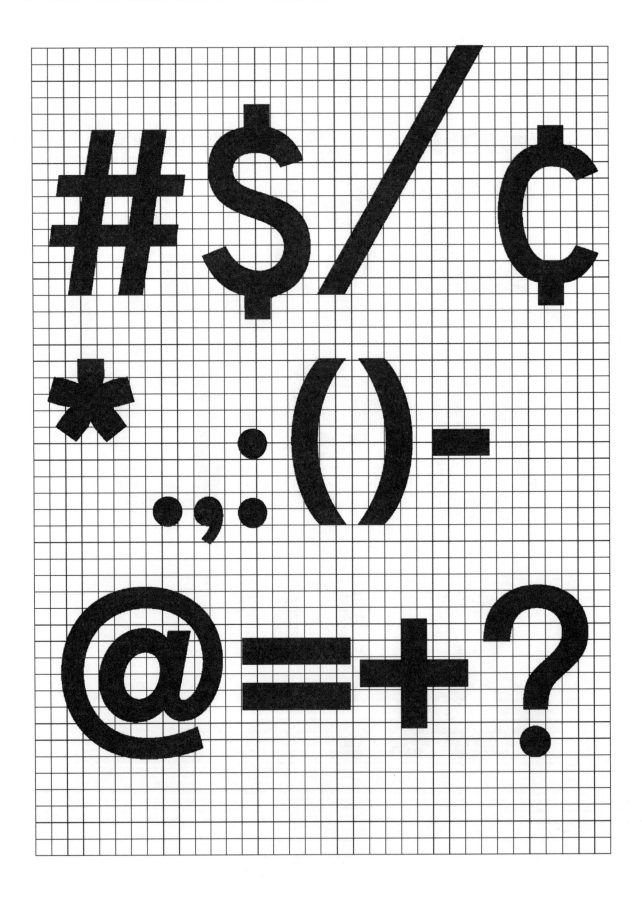

A.3　C型交通标志专用字体

A.3.1　C型交通标志专用字体为新增加的字体，共26个英文字母、10个阿拉伯数字和18个符号，字体形式和规格如下：

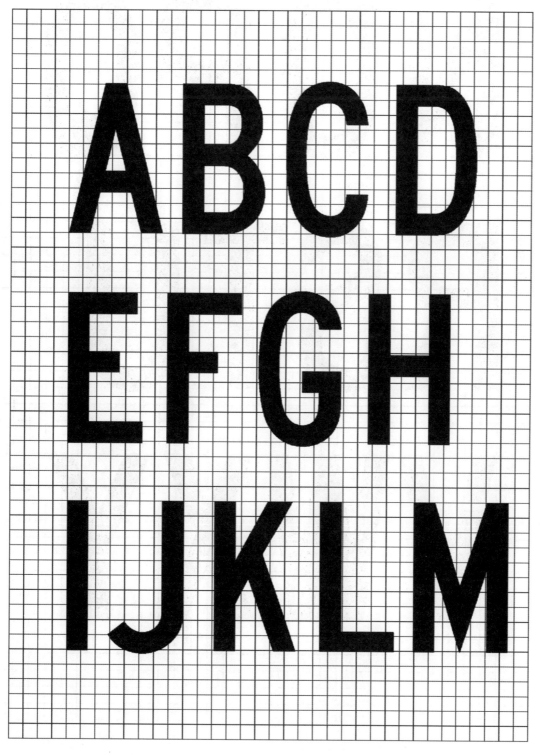

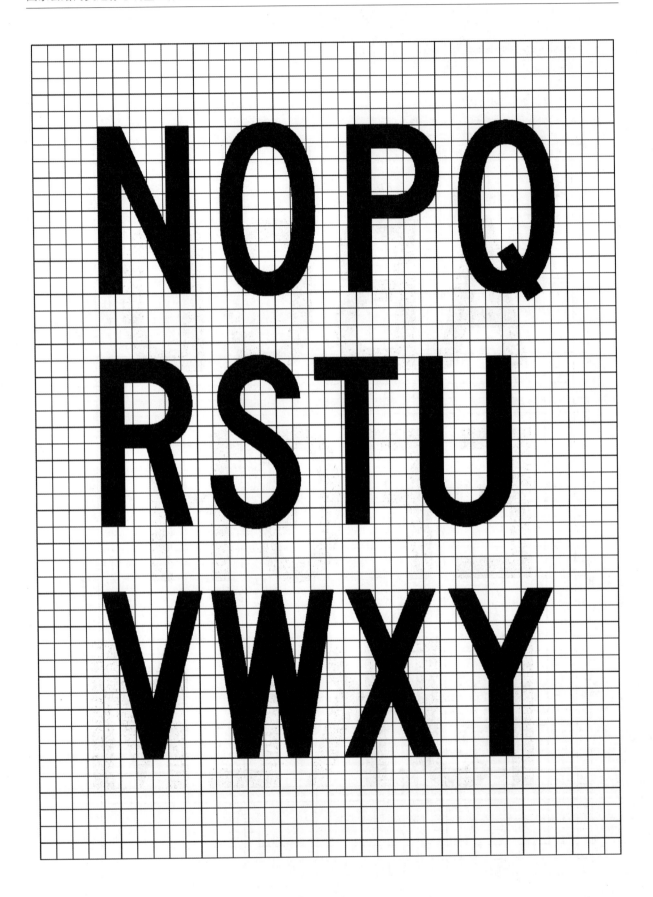

交通标志专用字体示例

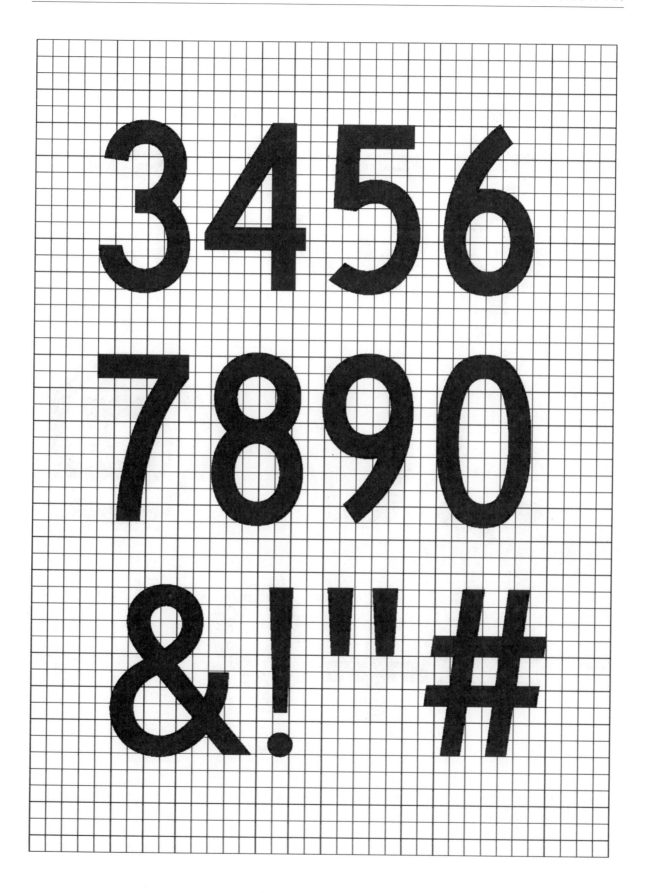

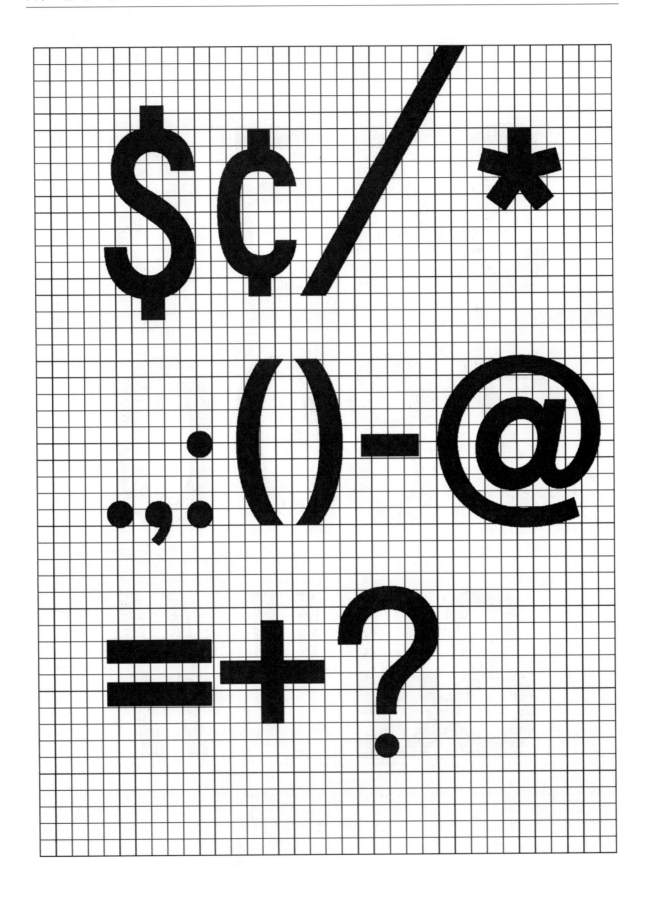

附录 B　国家公路网交通标志调整的主要类型

B.1　国家高速公路交通标志调整的主要类型

根据《国家公路网规划（2013 年—2030 年）》和国家高速公路交通标志设置的现状，国家高速公路交通标志的调整可分为八种类型，具体分类及调整方式如下。

B.1.1　省级高速公路升级为国家高速公路

基本情况：主要是指高速公路的行政等级由原来省级高速公路升级为国家高速公路。

调整方式：主要包括两部分内容的调整，一是高速公路编号的调整，将高速公路编号由省高编号调整为国高编号，二是地点信息需要调整的，同步进行调整。

调整示例：以广东省 S10 为例，根据《国家公路网规划（2013 年—2030 年）》，该高速公路编号调整为 G6011。在调整过程中，对编号进行了相应调整，如图 B.1.1。

图 B.1.1　省级高速公路升级为国家高速公路交通标志调整示例

B.1.2　高速公路的线位发生变化

基本情况：主要是指高速公路的线路在原有线路的基础上进行了延长，或进行了改线等。

调整方式：当高速公路线位发生变化时，应重新对高速公路的里程桩号进行梳理，此外应重点对相关节点的交通标志进行调整，并对调整后的线位上的交通标志进行全面梳理。

调整示例：以 G85 银川至昆明为例，原路线为 G85 重庆至昆明，当路线延长后，原有的里程桩号需进行重新传递。公路编号、控制性信息等均需进行相应调整。具体示例如图 B.1.2。

图 B.1.2　高速公路的线位发生变化交通标志调整示例

B.1.3　城市绕城高速公路

基本情况：主要是指高速公路作为城市绕城高速公路的一部分，或整条高速公路为一个区域的区域环线。

调整方式：城市绕城高速公路需进行交通标志调整时，应对城市绕城高速公路的信息进行全面梳理，如重要地点信息、城市组团信息、方位信息等进行系统全面的选取。

调整示例：以安徽省合肥市城市绕城高速公路为例，在调整过程中，对信息进行了全面梳理，对间接到达的信息进行了明确，如图 B.1.3。

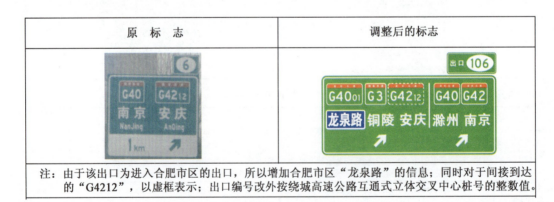

图 B.1.3　城市绕城高速公路交通标志调整示例

B.1.4　多路径高速公路

基本情况：主要是指从 A 地到 B 地有两条及以上的高速公路路径。

调整方式：对于多路径高速公路，宜基于路网结构进行分类，并按基于路网结构的信息选取方法选择相应信息。具体分类及信息选取见本指南的规定。

B.1.5　高速公路的改扩建

基本情况：主要是指高速公路网交通标志进行调整时，部分路段正在或已经进行了改扩建。

调整方式：对于存在改扩建的路段，交通标志一般由改扩建设计单位进行设计，在交通标志调整过程中，应注意与改扩建设计单位进行协调，以确保交通标志调整工作的系统性。

B.1.6　高速公路重合路段

基本情况：指国家高速公路与省级高速公路重合。

调整方式：对于重合路段，应同时给出国家高速公路与省级高速公路的编号信息。

B.1.7　高速公路过城镇路段

基本情况：主要是指高速公路经过路段为城镇化路段，且在该路段存在出口。

调整方式：对于城镇化路段的高速公路出口，出口预告标志的路名信息可采用蓝底、白字。

调整示例：以安徽省合肥市域高速公路交通标志调整为例，对高速公路出口所连接的新蚌埠路信息采用蓝底、白边框表示，使整个版面更加清晰明确，如图 B.1.7。

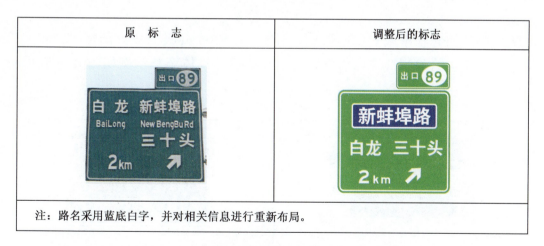

图 B.1.7　高速公路过城镇路段交通标志调整示例

B.1.8　高速公路的衔接指引

对于机场、火车站、港口等的互通式立体交叉，应根据机场、火车站、港口等所处的位置有选择性地增加信息指引，如图 B.1.8。

图 B.1.8　高速公路的衔接指引交通标志调整示例

B.2　普通国道交通标志调整的主要类型

根据《国家公路网规划（2013 年—2030 年）》和普通国道交通标志设置的现状，普通国道交通标志的调整可分为八种类型，具体分类及调整方式如下：

B.2.1　行政等级升级为普通国道

基本情况：主要是指公路的行政等级由原来的省道、县道、乡道等升级为国道，技术等级不变。

调整方式：首先需明确调整后的公路编号，其次，当地区或地点信息根据升级后的国道进行信息选取，当新选取的信息与原信息有变化时，应对地区或地点信息进行同步调整。

调整示例：如合肥市域 G329 的部分路段，由 S208 升级而成，调整时，将 G329 的编号信息以及相应的控制性地点信息作为主要信息，具体调整示例如图 B.2.1 所示。

图 B.2.1　行政等级升级为普通国道交通标志调整示例

B.2.2　国道的线位发生变化

基本情况：主要是指国道的线路在原有线路的基础上进行了优化，如国道的裁弯取直、国道的改线等。

调整方式：当国道线位发生变化时，首先应进行里程桩号传递，并根据实际情况采用单独设置编号标志或采用在标志版面中增加编号的形式对相关标志进行调整。

调整示例：如安徽省合肥市 G312 原来为进城路段，后根据规划改为绕城，其标志调整如图 B.2.2 所示。

图 B.2.2　国道的线位发生变化交通标志调整示例

B.2.3　国道街道化和城镇化

基本情况：指随着我国城市化的发展，部分国道两侧已经街道化，或国道两侧区域已经城镇化。

调整方式：在街道化和城镇化路段，为不打破原指路体系，在国家公路网交通标志调整时，应尽量保持原标志不变，通过增加编号标志等方式进行指引。

调整示例：以安徽省合肥市域 G329 肥东县路段为例，其具体调整示例如图 B.2.3 所示。

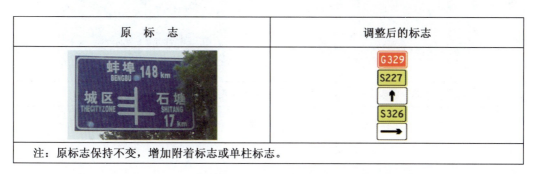

图 B.2.3　国道街道化和城镇化交通标志调整示例

B.2.4　普通国道为城市环线公路

基本情况：主要是指普通国道作为城市环线公路的一部分，或整条普通国道为一个区域的区域环线。

调整方案：对于普通国道城市环线公路，可以根据其所经区域城市化情况选择合适的方案，当城市化明显时，可采取增加编号标志等方式，当城市化不明显时，可按普通国道路段处理。

调整示例：以 G206 及 G312 重合路段绕合肥的路段为例，如图 B.2.4 所示。

图 B.2.4　普通国道为城市环线公路交通标志调整示例

B.2.5　普通国道改扩建

基本情况：主要是指普通国道正在或已经进行了改扩建，其技术等级或技术标准发生了变化。

调整方式：对于已经完成改扩建的，应按普通国道进行交通标志调整，对于正在实施改扩建的项目，应做好相关交通标志的衔接工作，避免出现不一致的情况。

调整示例：以 G330 前半部分路段交通标志调整为例，由于已经完成改扩建，按一般国道进行交通标志调整。该路段交通标志调整示例如图 B.2.5 所示。

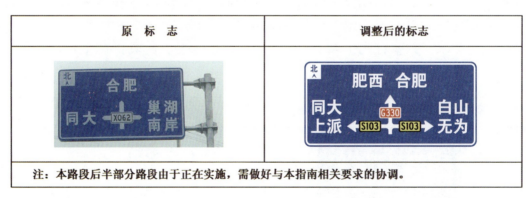

图 B.2.5　普通国道改扩建交通标志调整示例

B.2.6　普通国道与其他公路和城市道路有重合路段

基本情况：指普通国道与普通国道或普通省道等其他等级公路有重合路段，或国道在城市范围内与城市道路共线。

调整方式：当普通国道与其他公路和城市道路有重合路段时，对于编号信息，应给出重合路段的各条公路的编号信息，不得遗漏或只给主要信息，以对驾驶人进行连续的交通指引。

调整示例：以 G312 与 S227 重合路段为例，考虑到该路段处于城市路段，原标志保持不变，不改变原有的标志系统，只增加编号信息，其标志设置示例如图 B.2.6 所示。

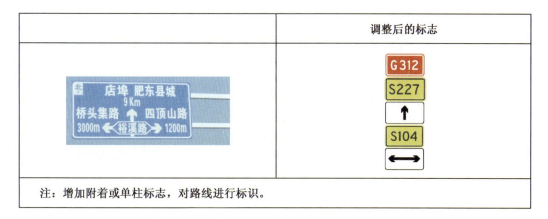

图 B.2.6 普通国道与其他公路和城市道路有重合路段交通标志调整示例

B.2.7 普通国道起终点路段

基本情况：主要是指设计范围存在普通国道的起点或终点。

调整方式：当设计范围内存在普通国道的起点或终点时，可根据实际需要增设起点标志和终点标志。国道的起点标志和终点标志也可以通过其他方式体现。

调整示例：以 G330 为例，当设计范围为普通国道的起点或终点时，可增加普通国道的起点或终点标志。当起终点设置其他指示起终点的设施时，可不设置起终点标志，如图 B.2.7 所示。

起 点 标 志	终 点 标 志
 G330 起点	 G330 终点
注：对于起终点标志，可根据需要设置。	

图 B.2.7 普通国道起终点路段交通标志调整示例

B.2.8 新增收费国道

基本情况：主要是指该普通国道路段，原来为不收费的路段，经改扩建或升级为国道后，变为收费国道。

调整方式：对于普通国道收费路段，应设置收费站等交通标志，对驾驶人进行指引。

调整示例：当普通国道为收费路段时，相应地增设"收费站"相关标志，对驾驶人进行指引。

附录 C 部分交通标志版面设计示例

C.1 常用互通式立体交叉及平面交叉图案设计示例

C.1.1 常用互通式立体交叉图案示例如图 C.1.1。图 C.1.1a)应用于单出口互通式立体交叉；图 C.1.1b)应用于双出口互通式立体交叉；图 C.1.1c)和图 C.1.1d)应用于高速公路主线相互分流的枢纽型互通式立体交叉。图 C.1.1 c)中车道分界线的宽度应大于 25mm。

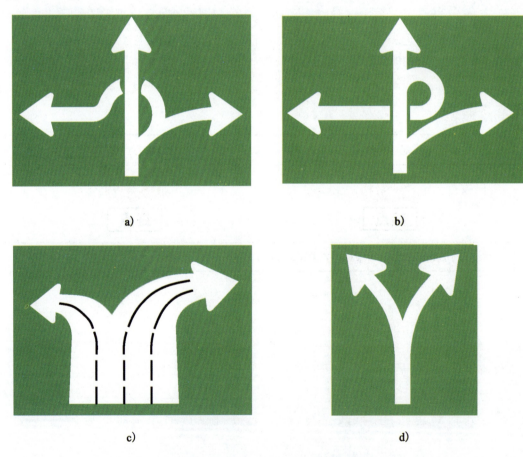

图 C.1.1 常用互通式立体交叉图案示例

C.1.2 常用平面交叉图案示例如图 C.1.2。平面交叉图形应和公路平面交叉的形状保持一致，其箭杆宽度为汉字字高的 0.25 倍，箭头高度为汉字字高的 0.75 倍。箭杆长度可根据是否有附有公路编号进行调节。

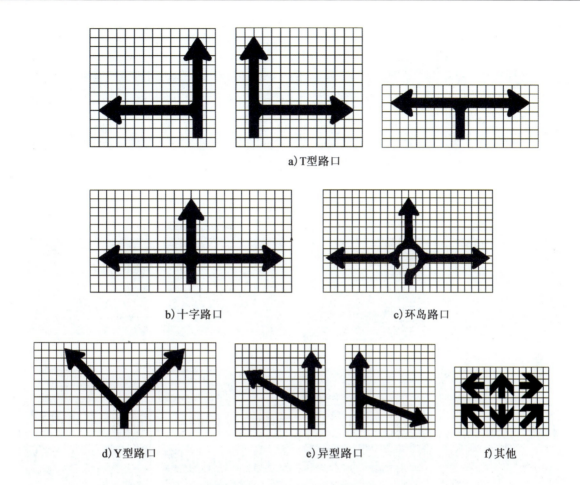

图 C.1.2　常用平面交叉图案示例

C.2　部分高速公路交通标志版面设计示例

C.2.1　命名编号标志版面示例如图 C.2.1。

图 C.2.1　命名编号标志示例

C.2.2　双标识指路系统及英文使用示例如图 C.2.2。

a) 入口指引系列标志设置实例

注：出口编号标志中的汉字高度应大于或等于25cm。

b) 出口预告标志系列设置示例

c) 地点距离标志设置示例

图 C.2.2 双标识指路系统及英文使用示例

C.2.3 间接指引交通标志版面示例如图 C.2.3。

图 C.2.3　间接指引交通标志版面示例（尺寸单位：cm）

C.3　部分普通国道交通标志版面设计示例

C.3.1　命名编号标志版面示例如图 C.3.1。

a)用在标志版面内　　b)单独使用　　c)在箭杆上使用

图 C.3.1　命名编号标志设置示例

C.3.2　指路标志版面示例如图 C.3.2。

a)十字交叉交通标志板面示例

b)地点距离标志及连续服务设施预告标志设置示例

图 C.3.2　预告标志版面示例

附录 D 国家公路网交通标志调整示范工程设计示例

根据交通运输部交公便字〔2015〕68号"关于委托开展《国家公路网交通标志调整工作技术指南》编制工作的函"和国家"十二五"科技支撑计划"国家公路网指路系统构建与升级关键技术研究"的要求，选取合肥市所辖的国家公路网（含国家高速公路和普通国道）为国家公路网交通标志调整工作的示范工程。

合肥是安徽省省会，地处长江淮河之间，巢湖之滨，泛长三角区域西端；具有通江达海，承东启西，贯通南北，连接中原的重要区位优势。合肥市域总面积 11 445.1 km²，城镇化率较高。现辖瑶海、庐阳、蜀山、包河 4 个区，肥东、肥西、长丰、庐江 4 个县，代管巢湖 1 个县级市。

近年来，合肥市公路交通建设取得了长足的发展。合肥市域范围内高速公路、普通国省干线公路和其他公路已经形成了十分密集的路网，再加之合肥正处于快速城市化时期，城市规模和城市人口不断扩张，土地开发和利用程度越来越高，路网一体化发展程度越来越高。

D.1 安徽省合肥市域国家高速公路交通标志调整示范工程设计示例

D.1.1 合肥市域高速公路共 400 余公里，主要包括 G3（京台高速）、G40/G42（沪陕、沪蓉高速公路重合路段）、G4001（合肥绕城高速公路）、G4212（合安高速）、G5011（合芜高速）、S17（蚌合高速）及机场高速等，路网情况及 G4001 的互通式立体交叉分布情况见图 D.1.1。

图 D.1.1 合肥市域高速公路路网情况

D.1.2 通过对国家高速公路合肥市域交通标志现状及驾驶人的需求进行深入调研和对现状交通标志进行全面评价的基础上,结合本指南的要求,主要调整内容见表 D.1.2。

表 D.1.2 主要调整内容

序号	交通标志调整内容	本指南规定	是否进行调整
1	本指南第 3 章规定的交通标志专用字体、版面布置、图案使用、基准点的选取和"市区"或"城区"信息等内容	可选项	进行调整
2	国家公路网命名与编号标志	必选项	合肥市域高速公路无路线编号调整,故无须调整
3	与里程传递相关的交通标志	必选项	合肥市域高速公路无里程桩号调整,故相关交通标志无须调整
4	高密度路网的交通指引	可选项	进行完善
5	多路径交通指引	可选项	进行完善
6	衔接指引	可选项	进行完善
7	双标识指路系统	可选项	根据现场调研,需求较弱,不作调整
8	无编号路线与特殊区域的表示方法	可选项	存在城市道路指引需求,对城市道路的指引方式进行调整
9	高速公路出口编号标志	可选项	对不符合出口编号规则的出口编号标志进行调整
10	旅游区标志	可选项	以指路标志调整为主,旅游区标志暂不作调整

D.1.3 高速公路对普通公路的衔接指引示例如下:

根据调研结果,驾驶人对衔接指引需求较强。针对目前高速公路出口预告标志中缺少所连接公路编号的问题,在原信息的基础上增加了公路编号信息,并对相关地点信息进行了梳理和必要的调整,见图 D.1.3。

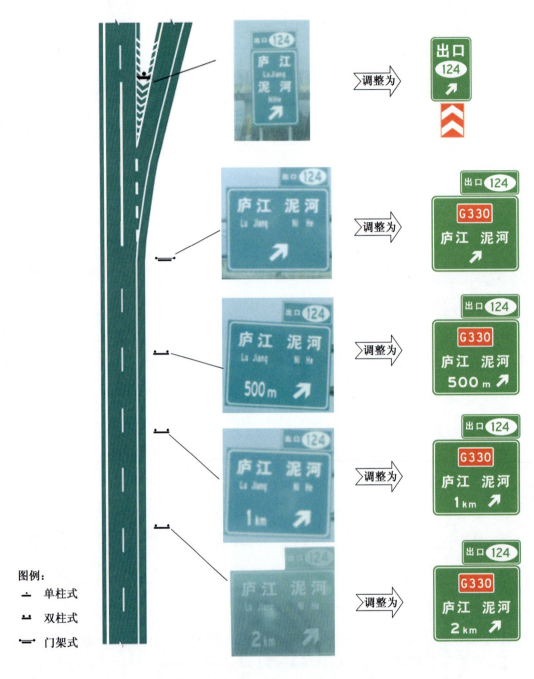

图 D.1.3 交通标志调整方案示例（一）

D.1.4 高速公路之间的衔接指引示例如下：

根据调研结果，驾驶人对高速公路之间的交通转换需求较高，故对示范路网中高速公路之间的衔接指引进行了完善和优化。具体示例如图 D.1.4 所示，图中对直接到达的高速公路编号信息进行了完善，增加了 G4001 信息，对间接到达的高速公路编号信息 G4212 采用虚框表示。

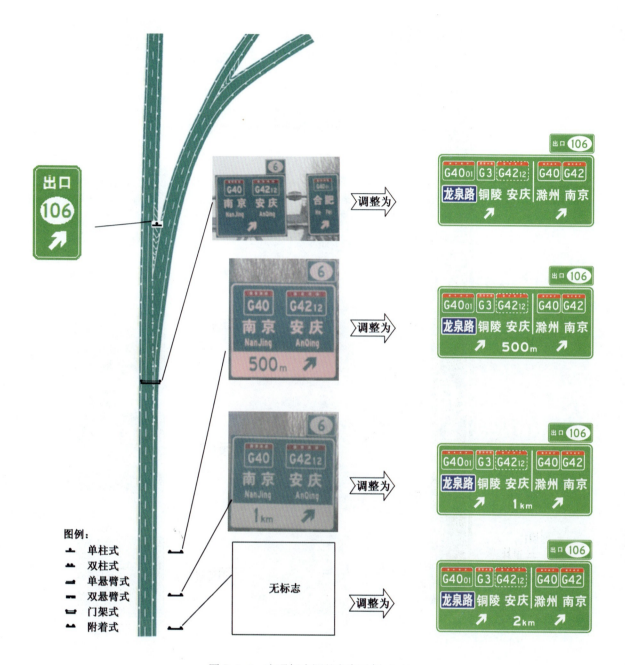

图 D.1.4 交通标志调整方案示例(二)

D.1.5 城镇路段无编号路线与特殊区域表示方法示例如下：

根据调研结果，合肥市域城镇化明显，驾驶人对城镇道路名称信息的需求较高。结合本指南的有关要求，对含有城市道路信息的交通标志版面进行了优化，具体示例如图 D.1.5 所示，图中对高速公路出口所连接的"新蚌埠路"信息采用蓝底白边框表示，使整个版面更加清晰明确。

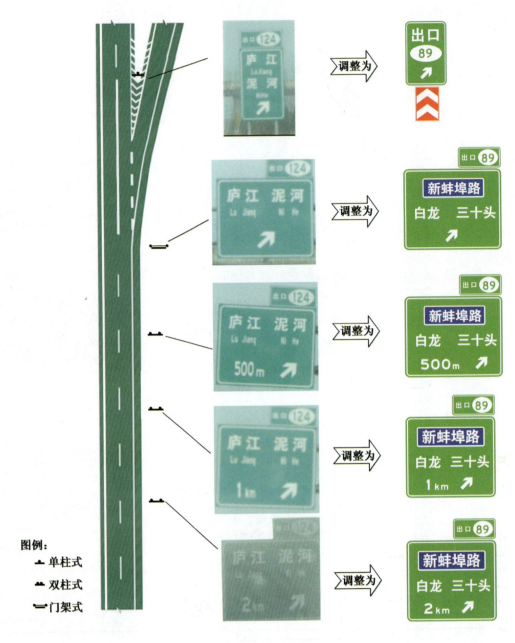

图 D.1.5 交通标志调整对照表

D.2 安徽省合肥市域普通国道交通标志调整示范工程设计示例

D.2.1 根据《国家公路网规划（2013年—2030年）》和现行《公路路线标识规则和国道编号》（GB/T 917），合肥市域普通国道共500多公里，包括G206、G312、G329、G330、G346五条。合肥市域普通国道部分路段由普通省道、县乡道升级而成，如G330有部分路段由S103升级而成。具体路网情况及现状公路利用情况见表D.2.1。

表 D.2.1　路网情况及现状公路利用情况

路 网 情 况	道路编号	现状公路利用情况
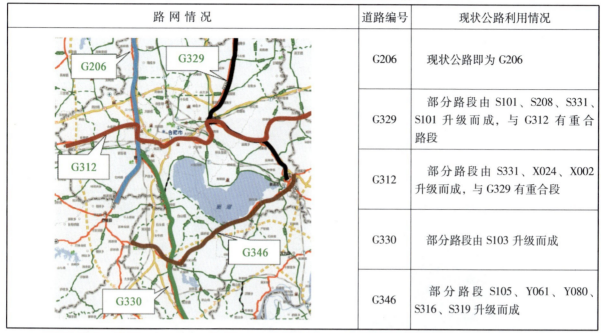	G206	现状公路即为 G206
	G329	部分路段由 S101、S208、S331、S101 升级而成，与 G312 有重合路段
	G312	部分路段由 S331、X024、X002 升级而成，与 G329 有重合段
	G330	部分路段由 S103 升级而成
	G346	部分路段 S105、Y061、Y080、S316、S319 升级而成

D.2.2　通过对合肥市域普通国道交通标志现状及驾驶人的需求进行深入调研和对现状交通标志进行全面评价的基础上，结合本指南的要求，主要调整内容见表 D.2.2。

表 D.2.2　主要调整内容

序号	交通标志调整内容	本指南规定	是否进行调整
1	本指南第 3 章规定的交通标志专用字体、版面布置、图案使用、基准点的选取和"市区"或"城区"信息等内容	可选项	进行调整
2	国家公路网命名与编号标志	必选项	合肥市域国道存在路线编号调整，故进行调整
3	与里程传递相关的交通标志	必选项	合肥市域国道存在利用现状公路及路线走向调整，故对里程桩号传递进行调整
4	高密度路网的交通指引	可选项	进行调整
5	多路径交通指引	可选项	进行调整
6	衔接指引	可选项	存在衔接指引需求，对相关交通标志进行调整
7	路径指引标志设置规模	可选项	进行调整
8	无编号路线与特殊区域的表示方法	可选项	进行调整
9	旅游区标志	可选项	以指路标志调整为主，旅游区标志暂不调整

D.2.3　与里程桩号相关的交通标志调整示例如下：

根据普通国道的具体线位及省界里程桩号，对合肥市域普通国道进行里程桩号传递，并对现状的里程桩、百米桩进行调整。

D.2.4 普通国道命名与编号标志的调整需与平面交叉预告、告知及确认标志的调整同步考虑。

D.2.5 普通国道与普通国道平面交叉交通标志调整示例如图 D.2.5，原 S331、巢柘路在该路段均为二级路，因此在路径指引标志设置规模方面，根据公路技术等级，需配置预告、告知和确认标志。

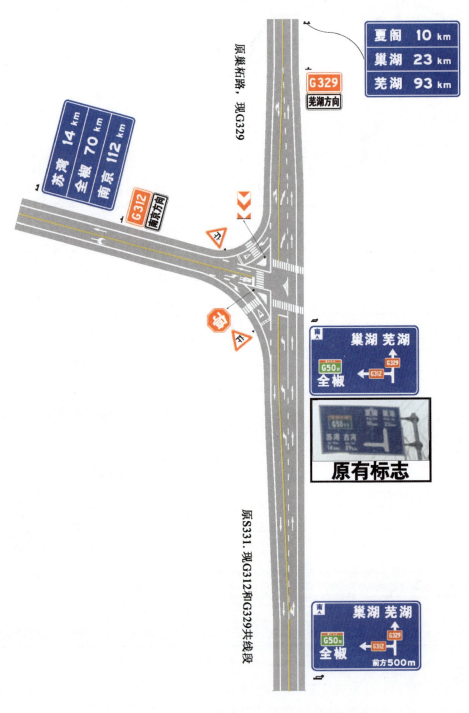

图 D.2.5　国道与国道平面交叉交通标志调整示例

在交通标志信息方面，对原有信息进行了梳理，直行信息保留了"巢湖（B层）"，原直行信息中的"夏阁（C层）"因信息等级偏低取消，直行信息新增"芜湖（A层）"；左转信息保留"G5011（A层）"，左转信息中的"苏湾（C层）"、"古河（C层）"因信息等级偏低取消，左转信息新增"全椒（B层）"。作为过渡措施，可采用附着标志的方式给出被取消的信息。

D.2.6 普通国道与普通省道、县道平面交叉交通标志调整示例如图 D.2.6，原 S330 在该路段为一级路，升级为 G330，X075 在该路段为三级路，升级为 S231。原路口未设置完备的指路标志，根据路径指引标志设置规模规则以及两条公路的技术等级，现 G330 在该路口需配置预告、告知和确认标志。

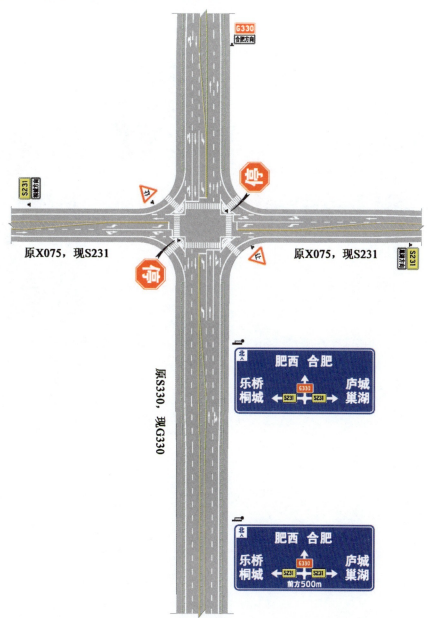

图 D.2.6　国道与省道标志调整设置示例（单向）

在交通标志信息方面，对原有信息进行了梳理，直行选取肥西（B层）和合肥（A层），考虑到原有X075主要服务于地方出行，因此在信息选取上，左转选择了乐桥（C层）和桐城（B层），右转选择了庐城（B层）和巢湖（B层）。

D.2.7 普通国道与乡、村道平面交叉标志调整示例如下：

1　合肥市域目前升级为普通国道的公路，一般情况下未在和乡道的平面交叉路口设置标志，可根据乡道所到达的C层信息设置单柱标志，具体设置示例见图D.2.7-1。

2　合肥市域目前升级为普通国道的公路，一般情况下未在和村道的平面交叉路口设置标志，可根据乡道所到达的乡村信息设置单柱标志，也可与村庄警告标志配合设置村名标志，具体设置示例见图D.2.7-2。

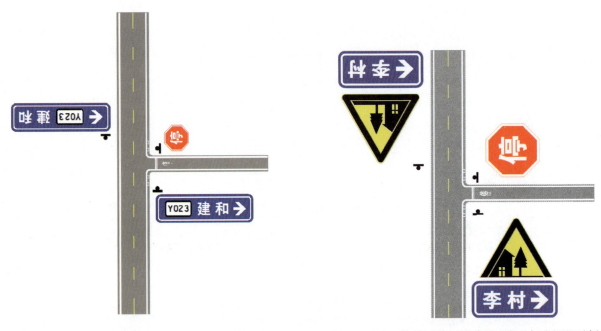

图 D.2.7-1　国道与乡道平面交叉交通标志调整示例　　　　图 D.2.7-2　普通国道与村道平面交叉标志调整示例

附录 E 枢纽型互通式立体交叉指路标志设置示例

E.0.1 以安徽省合肥市域高速公路为例,枢纽型互通式立体交叉分为四种类型,分别为单出口枢纽型互通式立体交叉(出口通往被交公路一个方向)、单出口枢纽型互通式立体交叉(出口通往被交公路两个方向)、双出口枢纽型互通式立体交叉和 Y 形枢纽型互通式立体交叉。

E.0.2 图 E.0.2 中的互通式立体交叉为单出口枢纽型互通式立体交叉(出口通往被交公路一个方向),其主线为 G4212 和 G3(北向)的重合路段,可到达肥西、合肥方向,被交公路为 G3(南向),通过出口可到达 G3 的铜陵、黄山方向。

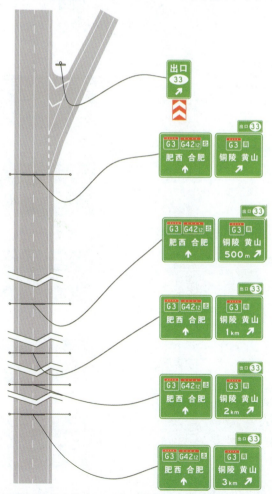

图 E.0.2 单出口枢纽型互通式立体交叉(仅通往被交高速公路一个方向)指路标志设置示例

E.0.3 图 E.0.3 中的互通式立体交叉为单出口枢纽型互通式立体交叉（出口通往被交公路两个方向），直行主线编号为 G4001（西环段），通过 G4001（西环段）可以间接到达 G3，出口可达 G4001（北环段）、G40 和 G42 的重合路段。

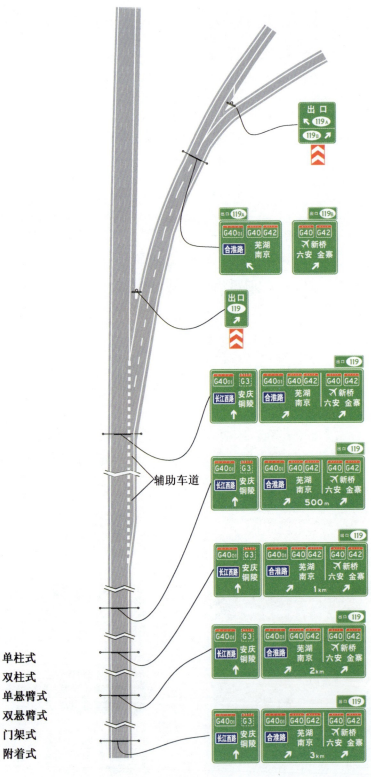

图 E.0.3　单出口枢纽型互通式立体交叉（通往被交高速公路两个方向）指路标志设置示例

E.0.4 图 E.0.4 中的互通式立体交叉为双出口枢纽型互通式立体交叉，其主线编号为 S12，被交公路 G35，即通过出口可达 G35，通过两个出口分别到达 G35 的两个方向，即亳州、商丘方向和六安、安庆方向。

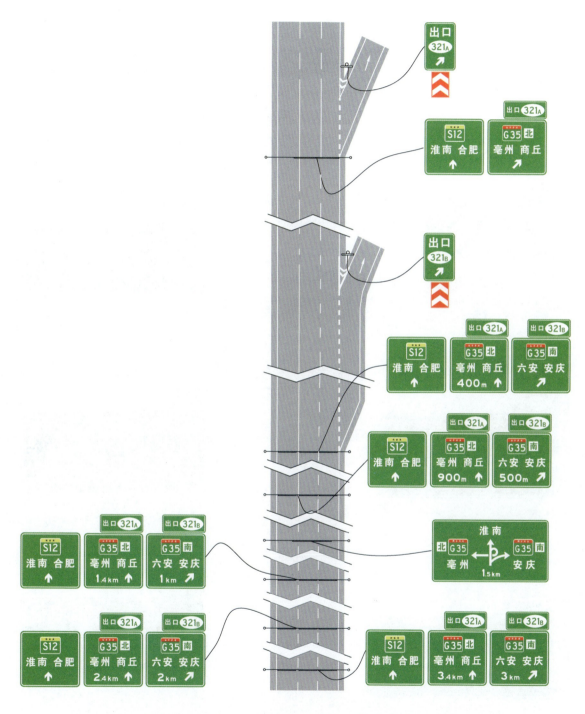

图 E.0.4 双出口枢纽型互通式立体交叉指路标志设置示例

E.0.5 图 E.0.5 中的互通式立体交叉为 Y 形枢纽型互通式立体交叉，即主线分叉为两条高速公路。本图中主线编号为 G3，出口可达 G4212 九江方向，另一方向 G3 与 G4212 为重合路段，可达合肥及蚌埠方向。

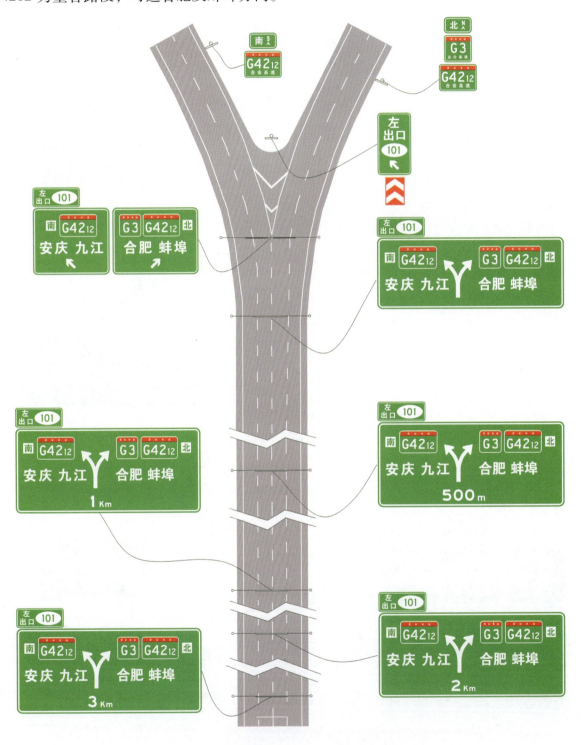

图 E.0.5　Y 形枢纽型互通式立体交叉指路标志设置示例

公路工程现行标准、规范、规程、指南一览表

(2018年1月)

序号	类别	编号	书名（书号）	定价（元）
1	基础	JTG 1001—2017	公路工程标准体系(14300)	20.00
2		JTG A02—2013	公路工程行业标准制修订管理导则(10544)	15.00
3		JTG A04—2013	公路工程标准编写导则(10538)	20.00
4		JTJ 002—87	公路工程名词术语(0346)	22.00
5		JTJ 003—86	公路自然区划标准(0348)	16.00
6		JTG B01—2014	★公路工程技术标准(活页夹版,11814)	98.00
7		JTG B01—2014	★公路工程技术标准(平装版,11829)	68.00
8		JTG B02—2013	公路工程抗震规范(11120)	45.00
9		JTG/T B02-01—2008	公路桥梁抗震设计细则(13318)	45.00
10		JTG B03—2006	公路建设项目环境影响评价规范(13373)	40.00
11		JTG B04—2010	公路环境保护设计规范(08473)	28.00
12		JTG B05—2015	★公路项目安全性评价规范(12806)	45.00
13		JTG B05-01—2013	公路护栏安全性能评价标准(10992)	30.00
14		JTG B06—2007	公路工程基本建设项目概算预算编制办法(06903)	26.00
15		JTG/T B06-01—2007	★公路工程概算定额(06901)	110.00
16		JTG/T B06-02—2007	★公路工程预算定额(06902)	138.00
17		JTG/T B06-03—2007	★公路工程机械台班费用定额(06900)	24.00
18		交通部定额站2009版	公路工程施工定额(07864)	78.00
19		JTG/T B07-01—2006	公路工程混凝土结构防腐蚀技术规范(13592)	30.00
20		JTG/T 6303.1—2017	收费公路移动支付技术规范 第一册 停车移动支付(14380)	20.00
21		交通运输部2015年第40号	★收费公路联网收费多义性路径识别技术要求(12484)	40.00
22		JTG B10-01—2014	公路电子不停车收费联网运营和服务规范(11566)	30.00
23		交通运输部2011年	公路工程项目建设用地指标(09402)	36.00
24	勘测	JTG C10—2007	★公路勘测规范(06570)	40.00
25		JTG/T C10—2007	★公路勘测细则(06572)	42.00
26		JTG C20—2011	公路工程地质勘察规范(09507)	65.00
27		JTG/T C21-01—2005	公路工程地质遥感勘察规范(0839)	17.00
28		JTG/T C21-02—2014	公路工程卫星图像测绘技术规程(11540)	25.00
29		JTG/T C22—2009	公路工程物探规程(1311)	28.00
30		JTG C30—2015	★公路工程水文勘测设计规范(12063)	70.00
31	设计	公路	JTG D20—2017	公路路线设计规范(14301)	80.00
32			JTG/T D21—2014	公路立体交叉设计细则(11761)	60.00
33			JTG D30—2015	★公路路基设计规范(12147)	98.00
34			JTG/T D31—2008	沙漠地区公路设计与施工指南(1206)	32.00
35			JTG/T D31-02—2013	★公路软土地基路堤设计与施工技术细则(10449)	40.00
36			JTG/T D31-03—2011	★采空区公路设计与施工技术细则(09181)	40.00
37			JTG/T D31-04—2012	多年冻土地区公路设计与施工技术细则(10260)	40.00
38			JTG/T D31-05—2017	黄土地区公路路基设计与施工技术规范(13994)	50.00
39			JTG/T D31-06—2017	季节性冻土地区公路设计与施工技术规范(13981)	45.00
40			JTG/T D32—2012	★公路土工合成材料应用技术规范(09908)	50.00
41			JTG D40—2011	★公路水泥混凝土路面设计规范(09463)	40.00
42			JTG D50—2017	★公路沥青路面设计规范(13760)	50.00
43			JTG/T D33—2012	公路排水设计规范(10337)	40.00
44		桥隧	JTG D60—2015	★公路桥涵设计通用规范(12506)	40.00
45			JTG/T D60-01—2004	公路桥梁抗风设计规范(13804)	40.00
46			JTG D61—2005	公路圬工桥涵设计规范(13355)	30.00
47			JTG D62—2004	公路钢筋混凝土及预应力混凝土桥涵设计规范(05052)	48.00
48			JTG D63—2007	公路桥涵地基与基础设计规范(06892)	48.00
49			JTG D64—2015	★公路钢结构桥梁设计规范(12507)	80.00
50			JTG D64-01—2015	公路钢混组合桥梁设计与施工规范(12682)	45.00
51			JTG/T D65-01—2007	公路斜拉桥设计细则(1125)	28.00
52			JTG/T D65-04—2007	公路涵洞设计细则(06628)	26.00
53			JTG/T D65-05—2015	公路悬索桥设计规范(12674)	55.00
54			JTG/T D65-06—2015	公路钢管混凝土拱桥设计规范(12514)	40.00
55			JTG D70—2004	公路隧道设计规范(05180)	50.00
56			JTG/T D70—2010	★公路隧道设计细则(08478)	66.00
57			JTG D70/2—2014	公路隧道设计规范 第二册 交通工程与附属设施(11543)	50.00

续上表

序号	类别	编号	书名(书号)	定价(元)
58	桥隧	JTG/T D70/2-01—2014	公路隧道照明设计细则(11541)	35.00
59		JTG/T D70/2-02—2014	公路隧道通风设计细则(11546)	70.00
60	交通工程	JTG D80—2006	高速公路交通工程及沿线设施设计通用规范(0998)	25.00
61		JTG D81—2017	公路交通安全设施设计规范(14395)	60.00
62		JTG/T D81—2017	公路交通安全设施设计细则(14396)	90.00
63		JTG D82—2009	公路交通标志和标线设置规范(07947)	116.00
64	综合	交办公路〔2017〕167号	国家公路网交通标志调整工作技术指南(14379)	80.00
65		交公路发〔2007〕358号	公路工程基本建设项目设计文件编制办法(06746)	26.00
66		交公路发〔2015〕69号	公路工程特殊结构桥梁项目设计文件编制办法(12455)	30.00
67	检测	JTG E20—2011	公路工程沥青及沥青混合料试验规程(09468)	106.00
68		JTG E30—2005	公路工程水泥及水泥混凝土试验规程(13319)	55.00
69		JTG E40—2007	★公路土工试验规程(06794)	90.00
70		JTG E41—2005	公路工程岩石试验规程(13351)	30.00
71		JTG E42—2005	公路工程集料试验规程(13353)	50.00
72		JTG E50—2006	★公路工程土工合成材料试验规程(13398)	40.00
73		JTG E51—2009	公路工程无机结合料稳定材料试验规程(08046)	60.00
74		JTG E60—2008	公路路基路面现场测试规程(07296)	50.00
75		JTG/T E61—2014	公路路面技术状况自动化检测规程(11830)	25.00
76	施工 公路	JTG F10—2006	公路路基施工技术规范(06221)	50.00
77		JTG/T F20—2015	★公路路面基层施工技术细则(12367)	45.00
78		JTG/T F30—2014	公路水泥混凝土路面施工技术细则(11244)	60.00
79		JTG/T F31—2014	公路水泥混凝土路面再生利用技术细则(11360)	30.00
80		JTG F40—2004	★公路沥青路面施工技术规范(05328)	50.00
81		JTG F41—2008	公路沥青路面再生技术规范(07105)	40.00
82	桥隧	JTG/T F50—2011	★公路桥涵施工技术规范(09224)	110.00
83		JTG/T F81-01—2004	公路工程基桩动测技术规程(14068)	30.00
84		JTG F60—2009	公路隧道施工技术规范(07992)	55.00
85		JTG/T F60—2009	公路隧道施工技术细则(07991)	70.00
86	交通	JTG F71—2006	★公路交通安全设施施工技术规范(13397)	30.00
87		JTG/T F72—2011	公路隧道交通工程与附属设施施工技术规范(09509)	35.00
88	质检安全	JTG F80/1—2017	公路工程质量检验评定标准 第一册 土建工程(14472)	90.00
89		JTG F80/2—2004	公路工程质量检验评定标准 第二册 机电工程(05325)	40.00
90		JTG G10—2016	公路工程施工监理规范(13275)	40.00
91		JTG F90—2015	★公路工程施工安全技术规范(12138)	68.00
92	养护管理	JTG H10—2009	公路养护技术规范(08071)	60.00
93		JTJ 073.1—2001	公路水泥混凝土路面养护技术规范(13658)	20.00
94		JTJ 073.2—2001	公路沥青路面养护技术规范(13677)	20.00
95		JTG H11—2004	公路桥涵养护规范(05025)	40.00
96		JTG H12—2015	公路隧道养护技术规范(12062)	60.00
97		JTG H20—2007	公路技术状况评定标准(13399)	25.00
98		JTG/T H21—2011	★公路桥梁技术状况评定标准(09324)	46.00
99		JTG H30—2015	公路养护安全作业规程(12234)	90.00
100		JTG H40—2002	公路养护工程预算编制导则(0641)	9.00
101	加固设计与施工	JTG/T J21—2011	公路桥梁承载能力检测评定规程(09480)	20.00
102		JTG/T J21-01—2015	公路桥梁荷载试验规程(12751)	40.00
103		JTG/T J22—2008	公路桥梁加固设计规范(07380)	52.00
104		JTG/T J23—2008	公路桥梁加固施工技术规范(07378)	40.00
105	改扩建	JTG/T L11—2014	高速公路改扩建设计细则(11998)	45.00
106		JTG/T L80—2014	高速公路改扩建交通工程及沿线设施设计细则(11999)	30.00
107	造价	JTG 3810—2017	公路工程建设项目造价文件管理导则(14473)	50.00
108		JTG M20—2011	公路工程基本建设项目投资估算编制办法(09557)	30.00
109		JTG/T M21—2011	公路工程估算指标(09531)	110.00
110		JTG/T M72-01—2017	公路隧道养护工程预算定额(14189)	60.00
1	技术指南	交公便字〔2006〕02号	公路工程水泥混凝土外加剂与掺合料应用技术指南(0925)	50.00
2		交公便字〔2009〕145号	公路交通标志和标线设置手册(07990)	165.00

注:JTG——公路工程行业标准体系;JTG/T——公路工程行业推荐性标准体系;JTJ——仍在执行的公路工程原行业标准体系。
批发业务电话:010-59757973;零售业务电话:010-85285659(北京);网上书店电话:010-59757908;业务咨询电话:010-85285922。